Costellazioni immaginali e le Carte dei Nat

Il ruolo del Costellatore immaginalista

Qualsiasi cosa facciate, portate luce e amore in ciò che fate.

Sommario

Introduzione

Il primo contatto con le costellazioni familiari fu nel 2010 con un costellatore sciamano dell'America del sud. Da subito ho intuito che, se praticate come cerimonie, le costellazioni familiari rappresentano il ritorno di una ritualità percepita nel corpo, di cui l'uomo moderno ha tanto bisogno. L'inchinarsi, il parlare con un defunto e accompagnarlo verso la luce sono atti profondamente sciamanici. Molti costellatori non sono consapevoli che vanno a toccare il rapporto con gli spiriti o esseri invisibili, aspetti che nel mondo degli sciamani sono utilizzati consapevolmente.

Questa tesi è incentrata sul ruolo del costellatore immaginalista. L'idea di sviluppare quest'argomento nasce dal mio desiderio di migliorare la capacità di condurre qualsiasi gruppo ma soprattutto i gruppi delle costellazioni ad approccio immaginale. Mi sono posta la domanda: quali sono gli aspetti più importanti nella conduzione di un gruppo di costellazioni familiari ad approccio immaginale?

Ho iniziato a gestire dei gruppi nel campo dell'improvvisazione teatrale. Il lavoro teatrale è piuttosto un gioco creativo e divertente e non necessariamente "terapeutico". Lavorando con le costellazioni familiari ad approccio immaginale la situazione cambia. In questo caso potrebbero anche partecipare delle persone che hanno dei traumi molto profondi che vorrebbero sciogliere. Pertanto, bisogna muoversi con cautela, delicatezza e professionalità. Essere professionale significa aver fatto prima un certo lavoro su se stessi. Per aiutare gli altri, inizia aiutando te stessa. Per essere capace di gestire un gruppo di costellazioni familiari ad approccio immaginale è necessario fare un "viaggio sciamanico iniziatico" attraverso il mondo dei Nat. Bisognerebbe conoscere bene lo Yoga sciamanico e la psicologia dell'immaginale, ma soprattutto padroneggiare la tecnica delle costellazioni familiari ad approccio immaginale.

La tesi inizia con un po' di teoria sulle costellazioni familiari ad approccio immaginale. Seguirà il capitolo con le carte dei Nat che è un sistema di 37 carte collegato agli avi create da Selene Calloni Williams. Il viaggio sciamanico sarà un altro capitolo che approfondirò. La pratica del viaggio sciamanico ci aiuta a diventare più forti e padroni della nostra vita. Nel quarto capitolo parlerò di che cosa significhi "avere un ruolo" ed essere un costellatore immaginalista, ribellandoci a certi schemi tramandati da generazione in generazione. L'ultimo capitolo è dedicato a un pomeriggio di laboratorio di costellazioni ad approccio immaginale, dove ho messo in pratica questa tecnica. Seguirà la conclusione.

Le Costellazioni immaginali

Il sistema familiare e le sue dinamiche

Il tema del mito familiare non può essere chiarito se non quando si comprendono il sistema familiare e le sue dinamiche. Ogni clan familiare, a partire dai nostri genitori, nonni, antenati, ha dei segreti familiari, degli scheletri nascosti nell'armadio che vanno finire nella memoria inconscia dell'albero genealogico, cioè nella stirpe. Finché non sarà portato alla luce ciò che vuole essere nascosto perché troppo doloroso o vergognoso, il sistema familiare rimane disturbato e il flusso energetico bloccato. Inconsapevolmente, un familiare continua a vivere lo stesso destino di un avo fino a quando non viene riconosciuto e liberato. Portare i "pesi" degli altri perturba gravemente il sistema famigliare. E' un fattore di stress che costa energia obbligando a una resistenza permanente. E' un ostacolo alla realizzazione della persona. La liberazione sta per prima cosa nel far emergere tale schema, riconoscere l'avo, accettarlo di nuovo nel clan familiare per poi lasciarlo andare con amore. Diviene così possibile ricevere e usare la forza che, dalla fonte stessa della vita (l'origine della propria stirpe), giunge fino a noi tramite antenati e genitori. Si tratta di una forza che abbiamo sempre avuto a disposizione ma che, nella gran parte dei casi, non siamo riusciti a utilizzare, proprio a causa degli schemi e dei condizionamenti inconsci del passato dei quali siamo vittime.

Le costellazioni familiari secondo Hellinger

Il metodo delle costellazioni familiari è stato sviluppato dallo psicoterapeuta tedesco Bert Hellinger nel 1993. Hellinger non ha fatto altro che riportare alla coscienza occidentale il rapporto con gli antenati e le leggi non scritte che regolano il funzionamento del sistema familiare. Tali leggi non soltanto sono conosciute e praticate da sempre dai popoli tribali di tutto il pianeta e di tutte le epoche, ma si ritrovano anche in sistemi religiosi tradizionali tra cui l'Induismo e il Buddhismo.

Ciascuno ha un proprio ruolo e una propria funzione all'interno di un clan familiare. Tutta la stirpe è sottoposta, in modo naturale e spontaneo, alle leggi dell'amore, dove perdiamo e guadagniamo in amore. Secondo Hellinger [1] "Molte persone sono convinte di potersi fare carico del dolore o della colpa di altri membri della loro famiglia attraverso la malattia o la

---

[1] *Bert Hellinger L'amore dello spirito, , tecniche nuove, Milano, 2010, pag. 123.*

morte. Oppure si ammalano e hanno incidenti o si suicidano perfino, perché hanno nostalgia di membri della loro famiglia defunti e desiderano unirsi a essi nella morte."

Portare i "pesi" degli altri altera gravemente il sistema di regolazione degli individui. E' un fattore di stress che costa energia, obbligando a una resistenza continua. E' un ostacolo alla realizzazione della persona.

Ci sono tre leggi che caratterizzano gli ordini dell'amore: la legge dell'Appartenenza, la legge dell'Ordine Sacro e la legge dell'Equilibrio. Queste leggi fanno riferimento al fatto che ogni membro di un sistema familiare ha diritto assoluto di fare parte del proprio clan familiare. Non dovrebbero esserci giudizi all'interno della famiglia in merito a chi sia migliore o peggiore degli altri né a chi abbia più meno diritto di essere parte della famiglia stessa perché a livello inconscio esiste solo l'amore incondizionato. Tutti i membri del clan familiare si amano incondizionatamente a livello subconscio. In ciascun gruppo regna l'ordine gerarchico che dà la precedenza a chi arriva prima. Chi viene prima, ad esempio un nonno, ha la precedenza su chi viene dopo, come un nipote. L'ordine dell'amore tra genitori e figli è definito dal principio che i genitori danno ai propri figli tutto ciò che hanno ricevuto dai propri genitori. Quest'ordine del dare e del prendere riguarda anche i fratelli e le sorelle. Chiunque arriva prima deve dare a colui che segue. Chiunque segue deve accettare chi c'era prima di lui.

Secondo Hellinger[2] "Il flusso del dare e del prendere dall'alto verso il basso e il flusso del tempo da prima a dopo non possono essere fermati, né riportati indietro, non è possibile modificarne la direzione o essere invertiti dal basso all'alto e da dopo a prima. Di conseguenza i bambini stanno sempre sotto i genitori e chi viene dopo è sempre sottoposto a chi viene prima. Dare e prendere e con essi il tempo scorrono sempre avanti, mai indietro."

In una costellazione vengono alla luce i disordini o disfunzionalità delle dinamiche relazionali che conducono a problemi e a malattie. Sono questi disordini che dovrebbero essere ristabiliti e armonizzati con gli ordini dell'amore, attraverso dei rituali di pacificazione ed equilibrio con gli antenati. Solo l'essere in pace con il clan familiare rende noi e gli altri liberi di

---

[2] *Bert Hellinger L'amore dello spirito, , tecniche nuove, Milano, 2010, pag. 47-48.*

vivere la propria missione e liberi di andare verso nuovi orizzonti con gioia. Scrive Hellinger [3] : "La gioia è leggerezza. Fluttua sopra ciò che ci ha trascinati in basso e guarda avanti, verso la prossima cosa bella che ci attende. Per questo la gioia è fiduciosa. Sa di essere guidata da qualcosa di molto superiore." ... "La gioia è strada maestra che ci conduce verso nuovi spazi, nuovi spazi compiuti."

Le costellazioni sciamaniche[4]

Le costellazioni familiari ci danno la possibilità di aprire un passaggio nell'inconscio collettivo familiare per far affiorare ciò che d'irrisolto, confuso o malato è depositato nella nostra memoria familiare. Tutto quello che avviene nel mondo ordinario, accade prima nel mondo dello spirito e dell'invisibile, nella dimensione del sogno e della visione. Le costellazioni familiari sciamaniche ci aprono a questi spazi, dove l'essenziale viene alla luce per essere trasmutato e guarito.

Secondo lo sciamanesimo, gli spiriti esistono, sono reali e tutti noi abbiamo alcuni come alleati pronti a

---

[3] *Bert Hellinger, Verso nuovi spazi, tecniche nuove, Milano 2013, pag. 73 – 74.*
[4] *Luciano Silva, Costellazioni familiari sciamaniche, edizione crisalide, Spigno Saturnia 2017.*

sostenerci, a proteggerci, e a ricreare la connessione con quel mondo che i nostri occhi, non riesce più a vedere. Fare una costellazione sciamanica è rappresentare in uno spazio sacro, in forma cerimoniale e rituale, ciò che è e chiedere di "essere visto" ovvero essere riconosciuto dal clan familiare, affidandosi totalmente all'opera degli spiriti. Le costellazioni sciamaniche propongono un legame reciproco tra le creature, gli esseri in forma umana presenti al rito o alla cerimonia e quelli che vi partecipano in altre forme, cioè che sono invisibili. Il potere che si sviluppa in un lavoro con l'aiuto degli spiriti e il supporto dei nostri antenati, consente di risolvere situazioni stagnanti nelle proprie relazioni, con sé stessi e con gli altri, nella propria vita o nel proprio cammino spirituale.

La Psicogenealogia di Schützenberger[5]

La Psicogenealogia è un metodo sviluppato negli anni 70 da Anne Ancelin Schützenberger (docente di psicologia all'Università di Nizza e allieva di Jacob Levi Moreno, l'inventore dello Psicodramma [6]), la quale lavorava

---

[5] *Anne Ancelin Schützenberger, Psicogenealogia, Di Renzo Editore, Roma 2007.*
[6] *Definizione da dizionario dello Psicodramma: E' una tecnica di psicoterapia attuata mediante rappresentazione teatrale del conflitto*

inizialmente in particolare con lo strumento di analisi del genosociogramma, ovvero la ricostruzione analitica dell'albero genealogico, che permette di individuare i collegamenti tra gli elementi di generazioni diverse. Un oggetto di analisi particolarmente importante è la sincronicità tra le date di nascita, di matrimonio, di morte, d'incidenti, dei diversi membri del sistema familiare che Schützenberger chiama la cosiddetta sindrome da anniversario.

Nella Psicogenealogia ci sono elementi fondamentali come il concetto di lealtà familiare, il bambino di sostituzione, i segreti di famiglia, la nevrosi di classe, le alleanze familiari e il codice di etica relazionale.

Il concetto di lealtà familiare è una legge inconscia e sottile che agisce con il fine di preservare l'esistenza, l'equilibrio e il benessere della famiglia.

Il bambino di sostituzione porta in se il lutto non elaborato della famiglia. Un membro della famiglia rimpiazza un'altra persona che porta in se tutti gli elaborati della famiglia.

---

psichico del malato, cui partecipa il malato stesso insieme ad altri personaggi che esprimono particolari aspetti della sua personalità.

Il segreto nasce dalla vergogna, sensi di colpa, per paura di perdere l'amore o essere punito ed escluso. Fantasmi o cripte sono traumi che sono stati trasmessi da generazioni a generazioni successive sotto forma di segreto di famiglia. Cripta è una tomba all'interno di un discendente eletto come portatore del fantasma rimosso di un segreto inconfessabile di una famiglia. Esistono nella psiche umana delle cripte e dei fantasmi legati ai traumi, ai non-detti, ai segreti provenienti dagli antenati. Questo fantasma sconosciuto risorge dall'inconscio ed esercita la sua influenza sfavorevole inducendo fobie, follie e ossessioni. I segreti transgenerazionali possono essere le guerre, la violenza, la deportazione, ingiustizie, traumi non detti, il furto, l'incesto, i soggiorni in ospedale psichiatrico o in prigione, l'omicidio, le malattie vergognose, i fallimenti, le frodi, i figli illegittimi, figli malati o malformati, aborti e abusi sessuali.

La nevrosi di classe è un fenomeno di auto-sabotaggio economico e sociale in persone che hanno superato i propri genitori e sono passate da una classe economica e sociale a un'altra.

Nelle alleanze familiari vengono esclusi o integrati certi membri della famiglia.

Il codice di etica relazionale (o etica della relazione) è una guida delle relazioni all'interno della famiglia. Ognuno di noi ha una sorta di registro o libro dei conti (la coscienza) dove sono scritti gli obblighi, i meriti, le mancanze e i debiti di ogni membro del sistema familiare.

Anche l'emigrazione è un aspetto che può condizionare un clan familiare. Lasciare il proprio paese, la propria lingua, i propri costumi, i genitori e tutta la famiglia è fonte di angoscia, ansia e sofferenza e provoca uno squilibrio profondo in tutto il sistema familiare.

Anche la trasmissione ingiusta o l'esclusione dall'eredità è uno dei fattori che possono determinare degli stati esistenziali nei discendenti. Le eredità sono la trasmissione simbolica dell'energia vitale di una stirpe. Impedire il giusto flusso dell'eredità può creare un vero e proprio cortocircuito dell'evoluzione della famiglia.

Oltre che dalla coscienza individuale, la Psicogenealogia ritiene che veniamo influenzati anche dalla coscienza familiare o inconscio familiare o anima familiare, ossia da tutte quelle informazioni racchiuse nell'esperienza del sistema familiare da cui discendiamo. Sono i sistemi familiari, sociali e culturali in cui viviamo che ci condizionano nelle nostre esperienze e nell'elaborazione delle regole morali su cui basiamo la nostra vita. La coscienza individuale permette all'essere umano di percepire il senso della giustizia e dell'ingiustizia, del bene e del male, e quindi di comportarsi di conseguenza. Uno sfondo di coscienza familiare, a un livello sottile e profondamente inconscio, è presente in noi.

Schützenberger[7] scrive che per vedere e capire ciò che succede in un clan familiare "è necessario creare una mappa sincronica degli avvenimenti familiari", cioè "fare un albero genealogico completo dei fatti importanti e dei legami significativi, ossia un genogramma o un genosociogramma" .... "La famiglia, la società e l'equilibrio familiare hanno un forte impatto sullo sviluppo di una persona, sulla sua salute, sulla sua malattia e sulle sue ricadute". Con un genogramma riusciamo a comprendere in modo migliore e chiaro le

---

[7] *Anne Ancelin Schützenberger, La sindrome degli antenati, Di Renzo Editore, Roma, 2015.*

dinamiche di un sistema familiare che condizionano questi eventi negativi.

Il genogramma è un disegno fatto di elementi grafici e di parole. Non è solo una semplice mappa dell'albero genealogico ma è una vera mappa topografica del vissuto emotivo e relazionale, di tutte le esperienze che il singolo ha elaborato, vivendo la propria storia, in funzione alla famiglia di origine. Con l'elaborazione di un genogramma è possibile ricostruire il clima che si è venuto a creare nel corso di almeno tre generazioni. In questo modo si riesce a far emergere le modalità di scambio familiare e relazionale.

La psicologia dell'immaginale

La psicologia archetipica o immaginale è nata con James Hillman nel 1970. Hillman ha avuto una formazione specificamente junghiana.

James Hillman ha saputo parlare in modo eccelso dell'anima del mondo alla società moderna, affinché l'universo intero si muova verso la realizzazione della missione dell'anima. James Hillman chiama il pensare per immagini "fare anima", è la forza di proiettarsi in un nuovo modo di vedere, vivere e fare.

Secondo Hillmann "un individuo guarisce quando scopre il mito che sta mettendo in scena" nella sua vita. Il mito è transgenerazionale. Con la psicologia dell'immaginale o psicologia archetipica, cerchiamo di capire quale mito transgenerazionale gli antenati e i loro discendenti stanno mettendo sulla scena della loro vita. Vedere il proprio mito e amarlo, libera l'anima da qualsiasi condizionamento.

Selene Calloni Williams, allieva di James Hillman, è stata la prima ad applicare l'approccio immaginale alla psicogenealogia. Per approccio immaginale Calloni Williams intende:[8] "un approccio non terapeutico, non è un mezzo clinico, ma uno strumento di un rituale evocativo nel corso del quale la persona richiama i propri familiari rappresentandoli attraverso simboli grafici, nominandoli e raccontandoli".

Tutte le impressioni sono immaginali (illusioni). L'immaginale è lo specchio stesso, il confine tra i mondi interiori ed esteriori, il ponte tra il visibile e l'invisibile – come tale – esso è l'anima. L'immaginale è l'anima che si

---

[8] *Selene Calloni William Psicogenealogia e costellazioni familiari ad approccio immaginale, , spazio interiore, Roma 2016, pag. 13.*

manifesta nelle sue infinite forme. Lavorare con un approccio immaginale significa lavorare con l'anima nelle sue illimitate forme immaginali e simboliche. Richiamare in vita l'immagine degli antenati e dei sogni significa avvicinarsi alla "guarigione" dell'anima.

Le costellazioni familiari ad approccio immaginali

Le costellazioni familiari ad approccio immaginale sono un "metodo simbolimmaginale" sviluppato da Selene Calloni Williams nel 2008 per conoscere a fondo quali sono gli archetipi o miti che influenzano i comportamenti di ognuno di noi. Secondo Calloni Williams ciascuno di noi vive mettendo in scena un mito del clan familiare. In pratica, ognuno di noi sarebbe portatore di ruoli, pensieri ed emozioni dei propri avi che ci influenzerebbero a vicenda nel corso del tempo.

La realtà viene così vissuta come un riflesso della psiche o un sogno. La nostra vita è fatta dunque d'immagini e proiezioni che noi stessi generiamo. Esse sono sogni, illusione, lila, maya. Dietro di esse si nasconde la vera natura delle cose. Per trovare la vera natura delle cose bisognerebbe "riassorbire gli eventi o ritirare le proiezioni, vale a dire riportare ogni evento, cosa, luogo e persona con la quale siamo venuti a contatto in vita alla

sua reale origine, che è sogno, immagine, proiezione"[9] ...
"partendo da una visione immaginale allo scopo di
smaterializzare e depersonalizzare il reale al fine di
procedere verso la libertà fuori dalla gabbia delle
illusioni"[10]. Quando realizzeremo completamente che
tutto è impermanenza, allora ogni immagine o proiezione
si dissolverà. In tale ottica, dunque, saremo noi a
produrre la nostra realtà, piuttosto che essere vittime di
essa.

Le costellazioni ci consentono di recuperare le nostre
immagini per ritrovare la nostra dimensione divina.
Spesso in una costellazione emerge un mito che i
membri di una famiglia stanno mettendo in scena e che
viene tramandato da una generazione all'altra e che
influenza la vita di tutto il sistema fino a quando è
vissuto e recitato in modo inconsapevole. Attraverso la
rappresentazione del proprio sistema familiare è
possibile scoprire direttamente quali siano i
condizionamenti che ostacolano la piena realizzazione di
sé a favore della fedeltà inconscia al proprio clan.

---

[9] *Selene Calloni William, Psicogenealogia e costellazioni familiari ad
approccio immaginale, spazio interiore, Roma 2016, pag. 18.*
[10] *Selene Calloni William, Psicogenealogia e costellazioni familiari ad
approccio immaginale, spazio interiore, Roma 2016, pag. 21.*

Le costellazioni sono un canale di accesso all'inconscio familiare e individuale e un mezzo molto efficace per individuare i nodi irrisolti e operare verso la soluzione oppure la realizzazione della missione dell'anima.

Il lavoro delle costellazioni familiari ad approccio immaginale consiste nel mettere in scena il sistema famigliare attraverso l'uso di rappresentanti che "impersonano" i membri della famiglia del partecipante.

Le costellazioni sono come un rituale sacro e hanno una forza enorme. In questa cerimonia tutti gli avi di chi costella sono contemporaneamente presenti. Onorare gli avi è il primo momento importante della costellazione immaginale.

Calloni Williams[11] afferma che: "In generale, si potrebbe dire che i torti subiti da un avo possono divenire nel discendente delle missioni riparatrici, i fallimenti possono trasformarsi nell'incapacità di creare relazioni e condizioni proficue, i traumi in depressioni, le sofferenze in carenza di fiducia nelle proprie possibilità e in quelle della vita, mentre lo stress accumulato di generazioni in

---

[11] *Selene Calloni William, Psicogenealogia e costellazioni familiari ad approccio immaginale, spazio interiore, Roma 2016, pag. 31.*

generazioni può materializzarsi nella malattia fisica e nell'impasse psicologica".

Attraverso le costellazioni si riesce a rilevare i "legami affettivi invisibili" che ci uniscono ai nostri avi e le dinamiche della nostra storia familiare. Ci troviamo così a vivere un destino che non ci appartiene. Molto spesso queste situazioni provengono da nodi presenti nella trama della storia familiare trasmessa di generazione in generazione. L'individuo che eredita tali nodi o valori da un certo punto di vista si fa carico, a livello forse anche karmico, del destino (spesso incompiuto) di quel particolare membro della famiglia con cui si è intrappolato. Così ci si trova a recitare ruoli che non ci appartengono solo per mantenere in vita le emozioni e i destini degli avi, per solidarietà, spinti da "obblighi d'amore" inconsci finché un discendente non decida di sciogliere il nodo per così liberare l'energia primordiale e poter finalmente vivere la propria missione della vita senza essere più condizionato dal passato.

Secondo Calloni Williams[12]: "Il compito di chi mette in scena una costellazione in chiave immaginale è

---

[12] *Selene Calloni William, Psicogenealogia e costellazioni familiari ad approccio immaginale, spazio interiore, Roma 2016, pag. 33.*

nobilitare le nevrosi ricevute in eredità dal clan familiare. Esse, infatti, sono demoni nel senso di daimon, spiriti, dèi, numi, eidola, temi mitologici, e hanno bisogno di essere riconosciute: se ciò avviene, si trasformano nei nostri più potenti alleati".

Che cosa sono quindi le costellazioni ad approccio immaginale secondo Calloni Williams [13] ? "La costellazione ad approccio immaginale è dunque, in primo tempo, un atto sciamanico in cui gli avi vengono convocati sulla scena e, in un secondo momento, un atto di consapevolizzazione del mito transgenerazionale e di nobilitazione delle vicende umane alla luce della psicologia dell'immaginale".

---

[13] Selene Calloni William, *Psicogenealogia e costellazioni familiari ad approccio immaginale, spazio interiore, Roma 2016, pag. 41-42.*

Le carte dei Nat

Le famiglie invisibili e inconsce

Calloni Williams [14] scrive che: "Quando veniamo al mondo siamo già portatori di numerose missioni da compiere. Riparare torti subiti, ristabilire equilibri perduti, riscattare pesanti rinunce, ripetere ostinatamente determinate emozioni in nome di legami invisibili, obblighi d'amore occulti nei confronti dei nostri antenati, così agiamo con la sensazione di avere un vuoto da colmare, un'ingiustizia a cui porre rimedio, un equilibrio da restaurare."

Le nostre difficoltà riflettono, in genere, conflitti non risolti all'interno delle nostre famiglie. Già in tenera età, abbiamo assorbito in modo totale e inconscio i contrasti di generazione in generazione. Dalla nascita, i nostri genitori proiettano inconsciamente su di noi ogni tipo di desideri affettivi, intellettivi, corporali e sessuali ma anche ogni tipo di mancanza e disarmonia e disfunzionalità che sono stati trapassati a loro dai propri genitori, ecc. Finiamo così in un programma o specie di matrix che si ripeterà per il resto della nostra vita.

---

[14] *Selene Calloni Williams, Le Carte dei Nat e le costellazioni familiari, edizione mediterranee, Roma, 2011, pag. 14.*

Porteremo tutto il peso e la responsabilità che ci hanno trasmesso sulle nostre spalle e che ci condizionano per tutta la vita. Il nostro "essere essenziale" non è in accordo con quest'ordine parentale. Ci rende squilibrati, insoddisfatti, frustrati senza capire il perché. La maggior parte dei nostri conflitti nasce dall'identificazione con un avo che non è stato riconosciuto e visto dal clan familiare. In un certo modo, tutti siamo solidali a livello inconscio alla nostra storia familiare.

Memoria familiare

Secondo Jodorowsky: "Nascere in una famiglia è, diciamo, essere posseduto. Questo possesso si trasmette di generazioni in generazioni: la persona stregata si converte in stregone, proiettando sui propri figli ciò che prima era stato proiettato su di lei." [15]

Siamo la memoria del passato con le informazioni e le istruzioni comportamentali radicate nella nostra famiglia. Scoprire la nostra memoria familiare inconscia ci porta a smascherare la vita dei nostri antenati e capire da dove derivano i nostri attuali problemi. E' proprio questa eredità familiare inconscia che ci crea

---

[15] *Alejandro Jodorowsky, Psicomagia, universale economica feltrinelli, Milano, 2013, pag. 135.*

delle situazioni traumatiche provenienti dal passato. La memoria familiare è fatta di tutti i sentimenti, le emozioni e le sensazioni che hanno permeato i membri della famiglia durante o dopo gli avvenimenti. Nel momento in cui prendiamo coscienza delle origini familiari del conflitto e delle sue conseguenze nella nostra vita, siamo in grado di sciogliere blocchi e risolvere i traumi o i problemi. Questa consapevolezza inizia studiando il nostro albero genealogico con un genogramma. Scopriremo situazioni, attitudini e posture che si ripetono di generazione in generazione, fino a raggiungere noi.

La forza degli avi

Questa memoria familiare inconscia diventa una grande forza degli avi che può essere vissuta in modo positivo o negativo. Soprattutto gli eventi negativi e nascosti agiscono direttamente in noi guidandoci fino ai conflitti non risolti, con lo scopo di portarli alla luce e liberarci di essi. E questo è il motivo per cui c'è la tendenza a ripetere sempre gli stessi schemi che bloccano il flusso energetico da una generazione all'altra. E' così che l'inconscio si fa strada per cercare di liberarsi dalle ripetizioni familiari per riconquistare la propria libertà individuale e per favorire l'evoluzione dell'essere.

Possiamo andare a rompere gli schemi di questa memoria pacificandoci con gli antenati. Non vuol essere un tagliare le radici del nostro albero della famiglia, ma piuttosto un comprendere meglio e sciogliere i nodi nevrotici o il cosiddetto cortocircuito familiare che si era creato. Ogni tipo d'informazione che si aggiunge al clan familiare, fa sì che può diventare una forza primordiale che distrugge o che porta amore verso l'esterno.

Il biologo Rupert Sheldrake, scopritore della teoria dei campi morfogenetici, identifica la presenza di una forza invisibile presente nel sistema. A quanto pare, questo "campo morfico" è responsabile dell'organizzazione della struttura e della forma del sistema, avrebbe una memoria collegata a ciascun membro della famiglia. Sheldrake afferma che un'eredità non viene trasmessa solo tramite i geni, ma anche grazie ai campi morfici. Tramite questi campi esiste una sorta di memoria collettiva di ogni specie. Il campo si arricchisce attraverso ogni individuo della sua specie. La teoria delle costellazioni familiari si basa sul fatto che i "campi morfici" sono connessi all'inconscio individuale e quindi ciascuno di noi è interconnesso al campo morfico del pianeta, della specie umana, della popolazione territoriale, della propria identità nazionale, fino al campo morfico della propria famiglia di origine. Questi campi si sono formati nel tempo come conseguenza degli eventi che sono successi ai nostri antenati e in base alle loro scelte di vita. In modo analogo, questi "campi morfici" possono aver inciso a loro volta su alcuni percorsi della nostra storia familiare e continuano a influenzare la nostra vita personale, come in una spirale senza fine che solo con la consapevolezza può essere interrotta. Nelle costellazioni di gruppo sono i rappresentanti che entrano in relazioni con le memorie del costellante attraverso il campo morfico.

Le carte dei Nat

I Nat sono degli "spiriti" che troviamo nella cultura e nella religione animista del Myanmar (ex-Birmania), ma sono anche degli archetipi. Gli sciamani del Myanmar sono profondamente legati ai Nat. Secondo gli animisti, i Nat sono gli spiriti degli antenati. Per i popoli birmani ogni cosa in natura è uno spirito, una forza, un Nat. Quello dei Nat è un culto molto personale perché permette a ognuno di collegarsi con questi potenti esseri di natura in modo individuale e privato.

Selene Calloni Williams ha creato le carte dei Nat facendo delle ricerche sulle tribù animistiche del

Myanmar (ex-Birmania). Le carte dei Nat sono uno strumento che si può abbinare al disegno di un genogramma per semplificare la preparazione di una costellazione familiare e per facilitare la connessione con la memoria collettiva. L'utilizzo delle carte dei Nat è affidato alla creatività e all'ispirazione di ciascuno. Le carte dei Nat risvegliano esperienze interiori profonde che vanno consapevolizzate senza giudicare.

Il percorso attraverso il quale ciascuno di noi può ritrovare i Nat è un cammino iniziatico. Nascita e morte sono eventi cruciali nel cammino di vita di un individuo. La nascita è il momento in cui i sogni, i desideri e le aspettative degli avi, rimasti sospesi dalla loro ultima morte, tornano a riprendere vita. I Nat sono in verità un cantico alla vita e il racconto della loro morte è un insegnamento per la vita. Ogni Nat, infatti, è morto in modo drastico divenendo spirito per guidarci lungo il cammino. La morte è estremamente importante nei Nat perché i Nat rappresentano per antonomasia gli avi di tutti. Il racconto dei miti legati ai Nat ci insegna che la morte è una profonda trasformazione da uno stato di coscienza a un altro e non la fine di qualcosa. La morte quindi è un cambiamento da uno stato di coscienza all'altro, è il ponte tra il visibile e l'invisibile.

A tale riguardo, la teoria del biocentrismo di Robert Lanze afferma che la morte come noi la conosciamo, è un'illusione creata dalla nostra stessa coscienza. Ciò che è stato vivo, non muore, l'energia si trasforma. Anche se i singoli corpi moriranno, la coscienza viva dell'individuo è sempre presente come forma di energia che opera all'interno del cervello. L'energia si manifesta in modi infiniti ma non viene mai dispersa. Così la morte o la malattia ad esempio sono un'energia trasformata.

Secondo il biocentrismo, lo spazio e il tempo non sono quelle dimensioni statiche e fisse che abbiamo sempre pensato. Secondo le considerazioni degli esperimenti di fisica quantistica, tutta la nostra esperienza sensoriale non è altro che una spirale d'informazioni presenti nella nostra mente. Lo spazio e il tempo sono quindi concetti creati dal nostro cervello, con il quale la nostra coscienza cerca di dare un ordine che noi chiamiamo realtà. In realtà viviamo in un sogno, un mondo creato dalla nostra mente, dalle nostre proiezioni, dalle nostre immagini.

Siccome il secondo principio della termodinamica rappresenta una formulazione del principio di conservazione dell'energia e afferma che l'energia non si può né creare né distruggere, ma solo trasformare, dobbiamo costatare che questa "energia di coscienza" che opera nel cervello non svanisce con la morte del corpo ma si trasforma in qualcos'altro che non riusciamo a percepire con la nostra mente in questa dimensione.

Tutti siamo chiamati a prepararci a morire che è l'azione più importante che compiamo nell'arco dell'esistenza terrena. Amadori[16] scrive che morire "E' l'azione che ci riporta a Casa, che termina un interludio, un ciclo d'esperienze dettate dall'esigenza della nostra Coscienza di evolversi."

Come ci possiamo preparare a morire? Con le costellazioni familiari possiamo entrare in contatto con il mondo invisibile, con ciò che ci aspetta nell'Aldilà. Secondo Amadori "...le Guide Spirituali che hanno l'impegnativo compito di supportarci nelle azioni della nostra Vita, c'insegnano che non dobbiamo trovarci impreparati nella visione del nostro Aldilà".

---

[16] *Barbara Amadori, Medianità quantica, Anima Edizioni, Milano, 2008, pag. 150.*

Il duplice aspetto dei Nat

Le carte dei Nat sono uno strumento per dialogare con l'Aldilà, con gli antenati, rappresentano varie forze della psiche umana e hanno un duplice aspetto. Esse possono avere forze negative o positive. Quelle negative corrispondono alle forze delle quali generalmente non siamo consapevoli o delle quali non vogliamo accettare la presenza. Sta a noi prendere coscienza di qualcosa in ombra e portarlo alla luce. Dal momento che diventiamo consapevoli di una nostra parte oscura come ad esempio una rabbia, la possiamo trasformare. Questo è possibile, semplicemente riflettendo sulle conseguenze dell'azione impulsiva carica di rabbia. Dietro un atto rabbioso potrebbe trovarsi nascosto un trauma personale che viene proiettato verso fuori. A monte della rabbia c'è anche una forza molto potente e positiva come quella dell'energia creatrice. L'energia creatrice ci aiuta a restare sani senza inutili malesseri e malattie. Essa serve a creare nuove situazioni nella vita quotidiana. Quando ci equilibriamo con la nostra energia creatrice, ci armonizziamo con l'energia dell'anima.

Ogni cosa ha un duplice aspetto e fa parte del dualismo. Il dualismo nasce dal numero due. Ci sono la vita e la morte e ogni cosa ha un aspetto positivo e negativo. In ogni essere e nelle relazioni che ha con gli altri, si nasconde la rivalità tra gli opposti, il maschile e il femminile, la sinistra e la destra, l'alto e il basso, la vittima e il carnefice, il giorno e la notte, la luce e il buio, ecc.... Nelle varie religioni e nei miti, la realtà stessa viene descritta come il risultato di due principi opposti, il bene e il male, gli dei e i demoni. Gli dei sono potenti, immortali e assumono forme e comportamenti tipici dei comuni mortali come innamorarsi, arrabbiarsi, essere invidiosi, litigare, ecc. I demoni sono le nostre paure e traumi.

Daimon, miti e archetipi

Gli archetipi li ritroviamo nei miti, nelle legende, nelle fiabe, nei sogni, nelle visioni e nelle espressioni religiose e artistiche di tutti i popoli della Terra.

Quando si parla di "archetipi", si pensa alla definizione di Carl Jung, che creò il termine per indicare gli schemi psicologici innati spesso presenti nella mitologia. Per Jung, gli archetipi erano "frammenti di vita", che presentavano un legame emozionale tra l'individuo e l'inconscio collettivo, sono simboli di concetti e istinti primordiali, forme del pensiero e dell'immaginario umano. Gli archetipi sono definiti come ordinatori di rappresentazioni, cioè "forme presenti universalmente ed ereditate che nella loro totalità costituiscono la struttura dell'inconscio."[17]

Secondo Erich Neumann, medico e filosofo allievo di Jung, l'archetipo è un'immagine interiore che agisce attivamente sulla psiche umana operando una progressiva evoluzione della personalità esattamente come le strutture biologiche promuovono il metabolismo e lo sviluppo fisico.

Per Calloni Williams "L'anima viene al mondo con una missione in base alla quale ha necessità di attivare determinati comportamenti, perciò si serve di certe immagini originarie o archetipi."[18]

"La realtà è un'immagine complessa, paragonabile a un ologramma, in cui il tutto è nella parte e la parte è nel tutto. Tutte le immagini della nostra vita sono contenute in ciascun singolo momento della nostra esistenza. Ogni singolo momento della nostra esistenza è un'immagine che contiene in sé tutti i momenti passati e futuri della

---

[17] *C.G. Jung , Simboli della trasformazione, Boringhieri, Torino,1970, pag. 237.*
[18] *Selene Calloni Williams, Mantra Madre, Edizioni Mediterranee, Roma, 2015, pag. 73.*

nostra vita."[19]

Tutto ciò che noi possiamo sperimentare in vita come un sogno, un'immagine, una proiezione, non ha una realtà oggettiva, ma è simbolica. Le immagini risvegliano la coscienza, provocano impulsi e portano a immagini primordiali e ad archetipi inconsci, individuali e collettivi. L'archetipo stabilisce una corrispondenza tra il mondo interiore e il mondo esteriore.

I miti sono racconti dei rapporti tra gli umani e gli dei, parlano di temi universali ed eterni, comuni a tutta l'umanità e a tutti i tempi.

"Il racconto mitologico ci riporta nel mondo degli déi, ci consente di ritornare al momento della creazione, quando quelle cose di cui si narra sono venute a esistenza per la prima volta e, dunque, ci consente di avere potere sulle cose. Tutto ciò a un'unica condizione: che chi ci racconta il mito abbia il potere di collegarsi alla sorgente originaria del mito stesso, che è inesauribile e che esiste da qualche parte nell'universo e

---

[19] Selene Calloni Williams Psicogenealogia e costellazioni familiari ad approccio immaginale, pag. 50, , Editore spazio interiore, Roma, 2016.

nel corpo di ogni essere umano." [20]

Il cantastorie fa del mito che racconta una favola di potere attraverso una propria iniziazione collegata alla forza della sua immaginazione. La forza che si esprime attraverso l'immaginazione con la quale l'uomo si esercita, crea la sua realtà. L'espressione dell'archetipo del creatore deriva dal potere dell'immaginazione.

Ciò che nella psicologia del profondo viene chiamato archetipo, nell'antichità erano gli dei e per gli sciamani gli spiriti. Per ogni popolo gli esseri invisibili avevano diversi nomi; gli dei, i demoni, gli angeli e gli arcangeli, i santi e gli spiriti buoni e cattivi presenti nelle varie tradizioni.

"Il Daimon, traducibile con "Demone" è nella mitologia e nella filosofia greca un essere che si pone a metà strada fra ciò che è Divino e ciò che è umano, con la funzione di intermediare tra queste due dimensioni. ... nella cultura greca i Dèmoni sono esseri intermediari tra gli uomini e gli Dèi, più potenti degli uomini ma in misura minore rispetto agli Dèi. A differenza di questi ultimi che sono

---

[20] *Selene Calloni Williams Psicogenealogia e costellazioni familiari ad approccio immaginale, , Editore spazio interiore, Roma, 2016 pag. 48.*

sempre buoni, tra i Dèmoni ve ne sono anche di cattivi."[21]

Il Daimon è una specie di angelo custode che conosce il nostro destino e ci guida alla realizzazione della nostra missione. Il Daimon ricorda il contenuto della nostra immagine, gli elementi del nostro disegno divino. E' proprio quello che nella psicologia analitica junghiana viene chiamato archetipo del Sé, che non è altro che ciò a cui si tende attraverso il processo di individuazione. L'anima è il viaggiatore spirituale che ha come scopo l'arrivo rappresentato dal Sé, che, tra tutti gli archetipi è il più indefinibile ma il più universale.

Secondo Hillman: "Prima della nascita, l'anima di ciascuno di noi sceglie un'immagine o disegno che poi vivremo sulla terra, e riceve un compagno che ci guidi quassù, un daimon, che è unico e tipico nostro. Tuttavia, nel venire al mondo, dimentichiamo tutto questo e crediamo di esserci venuti vuoti. E' il daimon che ci ricorda il contenuto della nostra immagine, gli

---

[21] *https://it.wikibooks.org/wiki/Vocabolario_del_pensiero_greco_antico*

elementi del disegno prescelto, è lui dunque il portatore del nostro destino."[22]

Il contatto con il proprio Daimon va ricercato e alimentato, per rendere davvero autentica la nostra esistenza. In questo senso siamo chiamati secondo Hillman a decifrare "il codice della nostra anima", essendo già presente nell'individuo l'intera forma del destino di un uomo, cioè la propria missione che, però deve essere vissuta nel tempo fino in fondo.

---

[22] *James Hillmann, Il codice dell'Anima, Adelphi Edizione, Milano, 2009, pag. 23.*

Il Viaggio sciamanico

La forza della Bellezza, dell'Amore

Nell'antichità e in molti periodi storici era considerata bellezza soprattutto quella della natura. La bellezza in natura, è l'espressione dell'amore, della capacità di darsi che è in tutte le immagini naturali.

Per Calloni Williams "La natura è animata dalla bellezza, di anima, che non ha un opposto; non esiste il brutto in natura. La bellezza naturale è diretta espressione del sacro, della capacità di darsi, dell'amore."[23]

In natura si dà, tutto è invisibile, tutto è ombra, è un sogno che appare e immediatamente svanisce. La bellezza è lo stato naturale, il quale darsi, è impermanenza, è amore. L'impermanenza è la caratteristica principale della natura e di tutte le cose.

La bellezza è negli occhi di chi la guarda, è un fatto personale. La bellezza è sottoposta ai nostri condizionamenti e alla legge degli opposti. La bellezza dipende dalla propria cultura e educazione.

---

[23] *Selene Calloni Williams e Silvia C. Turrin, Mindfullness Immaginale, Edizioni Mediterranee, Roma 2016, pag. 29.*

Quando l'individuo vince i condizionamenti, gli opposti e comprende che tutto è impermanenza come il vivente e il morente che sono dentro l'uno nell'altro, allora ritrova lo stato naturale, che è la condizione dell'essere distinto ma non separato dal resto della natura e dagli altri individui, è pura bellezza. Si tratta di uno stato sacro, in cui tutto si dà, tutto è espressione del darsi per amore; così in natura continuamente il visibile si dà all'invisibile e viceversa, la vita si dà alla morte e la morte alla vita, e tutti gli opposti si danno gli uni agli altri in una relazione d'amore.

Calloni Williams scrive: "L'umano e il divino, il visibile e l'invisibile, si generano a vicenda dandosi l'uno all'altro in processo di totale fusione, di assoluto amore. E' un rapporto a tre: l'umano, il divino e la loro creazione, l'anima mundi, lo spirito santo. In questo rapporto né dio, né l'uomo, né la creazione esistono nella loro identità separata, in verità esiste solo la loro unione, che è darsi reciproco, che è amore. In ultima analisi esiste solo l'amore"[24]

[24] Selene Calloni Williams e Silvia C. Turrin, Mindfullness Immaginale, Edizioni Mediterranee, Roma 2016, pag. 27.

Siamo chiamati all'amore, al darsi, al Nirvana, alla grande Imaga. La grande Imaga è parte di tutto e tutto è una parte, è yin e yang. "La grande Imago è l'unione erotica di Padre e Madre, un'unione, cioè, creativa. La creatività è un tutt'uno con il darsi, giacché ogni creazione comporta una morte. Nell'unione erotica il Padre e la Madre si danno l'uno all'altra morendo, per mezzo dell'orgasmo, l'uno nel corpo dell'altra."[25]

Il Padre e la Madre uniti in un legame erotico-creativo, sono i due aspetti di noi stessi: noi e la nostra anima. La nostra sposa mistica o il nostro sposo mistico è la parte di noi invisibile che si proietta nel mondo. E' la nostra anima ed è l'anima mundi, l'aspetto invisibile di ogni cosa, di ogni persona, di ogni luogo.

Una volta uniti i due opposti nelle nozze mistiche, la dea della bellezza sosterà il nostro progetto di vita e dunque sarà il nostro compito fare ciò che percepiamo come più bello, darci alla vita. "Darsi è in assoluto l'espressione più pura della bellezza."[26] Darsi è la danza cosmica della bellezza. La bellezza non è altro che la manifestazione di

[25] *Selene Calloni Williams, Mantra Madre, Edizioni Mediterranee, Roma, 2015, pag. 35.*
[26] *Selene Calloni Williams, Mantra Madre, Edizioni Mediterranee, Roma, 2015, pag. 14.*

quella scintilla divina che è presente in ogni cosa che è parte di quel tutto che è Amore.

Rituali, magia e sciamanismo

La magia può essere definita l'arte di dominare le energie e le leggi della natura con la forza determinata del pensiero, particolarmente formulato attraverso formule e riti. La vera magia, proprio perché strettamente legata alle religioni, richiede un cerimoniale adatto ed è indispensabile. Gli amuleti e i riti dei maghi possono essere considerati supporti con i quali essi sostengono le loro facoltà guaritrici e poteri magici. Ogni rito dovrebbe avere in sé sempre un atto d'amore.

La credenza negli spiriti si trova, più o meno, sviluppata in tutte le tradizioni magiche. Sono i popoli più primitivi e antichi a ricorrere sovente all'aiuto degli spiriti, invocandoli. La credenza negli spiriti è connessa soprattutto con il cosiddetto "animismo". Per gli animisti tutti gli esseri, compresi minerali e vegetali, sono dotati di un"anima". ..."la mentalità animistica ritiene che, al di là delle diverse forme con cui si presentano sulla terra gli esseri viventi e gli oggetti inanimati, vi sia una realtà mistica unica, presente in tutti, contemporaneamente materiale e spirituale."[27]

Lo sciamanesimo esprime le tradizioni e pratiche spirituali di diversi gruppi etnici come la Siberia, la Mongolia, la Lapponia, parti dell'Alaska e il Canada. Secondo lo sciamanesimo, tutto ciò che esiste è vivo ed ha uno spirito e siamo uniti alla terra e a tutte le forme di vita tramite un legame spirituale. Proprio come nella fisica quantistica che afferma che tutti gli aspetti della realtà sono interconnessi attraverso un campo di energia, così gli sciamani parlano di una rete vitale che connette qualsiasi cosa. Durante un viaggio sciamanico, lo sciamano comunica con lo spirito degli alberi, delle piante, degli animali, degli insetti, degli uccelli, dei pesci, dei rettili e delle rocce e anche con lo spirito dei quattro elementi, facendo esperienza diretta della grande rete della vita.

La pratica sciamanica è fatta da una varietà di cerimonie che si svolgono per onorare la natura e tutti gli spiriti, lavorare con essi, per leggere i segni e interpretare i sogni. Sono tutti elementi che aiutano a

---

[27] *Lucia Pavesi, Rituali di magia bianca, De vecchi editore, Milano, 1997, pag. 50.*

sviluppare l'intuizione, la guarigione e il potere. Altre cerimonie che praticano sono: dare il benvenuto ai bambini in questo mondo o unire le persone in matrimonio. Si occupano anche delle cerimonie d'iniziazione che si svolgono nei periodi di transizione da una fase all'altra della vita come nel caso dell'adolescenza (è la fine della fase del bambino e l'inizio di quella adulta) o nel trapasso dalla vita alla morte.

Il rituale ha un ruolo decisivo nello sciamanismo. Un rituale può essere fatto di semplici gesti simbolici per ristabilire un sistema familiare come ad esempio nelle costellazioni sciamaniche.

"Per esempio, il chiedere a tutti i rappresentanti dei familiari di formare un cerchio sacro, prendendosi per mano – cerchio che racchiuda al centro, contenendolo, il costellante – è un gesto simbolico capace di creare quella magia che il rituale richiede. "[28]

Hermano Ichu, un nativo del Perù, afferma che "L'energia vitale è in perenne movimento e crea spettacolari disegni nel mondo invisibile: il cerchio è uno

---

[28] *Selene Calloni Williams, Psicogenealogia e costellazioni familiari ad approccio immaginale, Editore spazio interiore, Roma, 2016 pag. 88.*

di questi e per noi nativi, come già precisato prima, ha un valore particolarmente profondo al quale si può ricorrere per nutrire l'anima."[29]

Il cerchio è il luogo sacro dove si concentrano tutte le energie materiali e spirituali del gruppo. Rispetto alla religione cristiana, dove il male viene escluso dalla porta della chiesa, nel rituale del cerchio del sciamanesimo c'è sempre posto per tutto, anche per la parte oscura. Le diverse religioni hanno contribuito a rafforzare sensi di colpa.

"Per qualsiasi atto di trasformazione interiore, è bene creare un luogo sacro in cui le aggressioni della vita esterna non possono entrare. Poiché il cervello accetta e incorpora i simboli, è sufficiente tracciare un cerchio sul pavimento con un gesto del dito indice, ripetendolo quattro volte (per le quattro energie), in senso antiorario. Immediatamente, il consultante visualizza il cerchio sul pavimento. Allora s'invita a entrare sollevando i piedi

---

[29] *Harmano Ichu, Il tamburo di dio, kreative edizioni, Viareggio 2017, pag. 116*

l'uno dopo l'altro, il che ha l'effetto di rendere più concreto questo spazio sacro."[30]

Il rituale è sempre un rito sacrificale, nel quale tutti i partecipanti sacrificano la propria individualità separata a beneficio del sistema familiare. Sacrificare per esempio l'orgoglio per il bene della famiglia è un atto che si può fare usando l'inchino davanti ai familiari che sono stati esclusi dal clan familiare. Scrive Hellinger: "Se il figlio quindi s'inchina davanti al padre e gli chiede la sua benedizione, si inserisce nel flusso di questa corrente. La benedizione non viene solo dal padre, proviene da molto lontano e tramite il padre giunge a lui. Pertanto anche questo è un atto religioso. La forza di questa benedizione non sta nelle mani del padre. Chi ha preso così la vita, è in sintonia con le sue origini. Costui si trova in accordo con il suo particolare destino, le sue possibilità e i suoi limiti, in gran parte determinati dai genitori. Questo è come una devozione al mondo, così com'è. E questo è come un atto religioso."[31]

[30] Alejandro Jodorowsky, Metagenealogia, Feltrinelli, Milano, 2012, pag. 506/507.
[31] Bert Hellinger, Riconoscere ciò che è, Feltrinelli, Milano, 2017, pag. 22.

Per Calloni Williams "Io sciamano è colui che conosce il segreto del rituale; la sua funzione è di riconnettere l'io con il Tutto. Sapendo ciò, il facilitatore dovrà lasciarsi ispirare da quanto avviene sulla scena della costellazione, intervenendo al momento giusto per sollecitare i gesti magici la cui funzione è ristabilire l'unità al di là delle individualità dei singoli componenti del clan familiare." ... "Al di là dell'io non c'è separazione di tempo e di spazio, giacché tempo e spazio sono funzioni dell'io separato. Il facilitatore/sciamano deve avere il potere di governare il tempo e lo spazio, viaggiando dento e fuori dai suoi confini e portando il costellante nel mondo magico della trance e del rito."[32]

Il vero rito è sempre il rituale del sacrificio per mezzo del quale il nostro Io restituisce il controllo, il potere alla natura e s'immerge nella misteriosa immensità della bellezza. Dal momento che l'Io accetta di sacrificare la propria illusione di avere un potere, di esercitare un controllo sulla natura e sul corpo, si ristabilisce l'equilibrio universale.

---

[32] Selene Calloni Williams, Psicogenealogia e costellazioni familiari ad approccio immaginale, Editore spazio interiore, Roma, 2016 pag. 88.

I sette chakra e il risveglio della Kundalini

I chakra sono dei centri situati nel corpo energetico che accumulano e distribuiscono l'energia vitale. Il nostro stato mentale e fisico è collegato direttamente ai chakra. In essi è concentrato il cosiddetto Prana (energia vitale cosmica che si trova in ogni essere vivente), il quale si trasforma in energia spirituale. Ci sono 7 chakra principali (Muladhara, Swadhisthana, Manipura, Anahata, Vishuddha, Ajna, Sarashara). Ogni chakra corrisponde a un campo energetico umano. Il primo chakra Muladhara è collegato alla Terra, alle radici, ai nostri genitori, gestisce le funzioni corporee e controlla le sensazioni corporee. La connessione con i nostri genitori rimane per tutta la vita attraverso il primo chakra. Quando lasciamo andare i nostri genitori, ci rafforziamo con l'energia del principio maschile e femminile. Il secondo chakra Swadhisthana è collegato ai desideri e alle emozioni e alla nostra missione della vita. Per realizzare la missione, abbiamo bisogno dell'energia dei nostri avi che ci sostengano con la loro saggezza e guida. Il terzo chakra Manipura è connesso al potere della volontà e all'energia dei nostri nonni e con la forza dei quattro elementi. Dal momento che lasciamo andare i nostri nonni, attiviamo in noi i quattro elementi e sosteniamo così il campo vitale degli avi. Il quarto chakra Anahata è la sede del Maestro interiore e ci connette con l'amore. L'amore per se stessi, l'amore per gli altri, l'amore universale e divino, quindi, anche l'amore degli antenati fluisce in questo chakra. Quando attiviamo la nostra capacità d'amare, l'amore del sistema degli antenati può di nuovo fluire liberamente e nutrire questo chakra. Il quinto chakra Vishuddha concerne la nostra capacità di comunicare in modo amorevole e con saggezza con gli altri. Il sesto chakra Ajna ci connette alla mente, alla ragione, alle visioni interiori ed esteriori e alla missione collettiva. Impariamo a trascendere il nostro ego e a diventare più compassionevole. L'ultimo chakra Sahasrara rappresenta l'unione tra il cielo e la terra. Ci apriamo alle dimensioni dello spirito che ci aiutano a capire il senso della vita e a riconnetterci con il divino.

Il viaggio attraverso i chakra è un percorso alchemico di progressivo perfezionamento della coscienza e la liberazione di ogni attaccamento. E' possibile che uno o più chakra si blocchino a causa di traumi, condizionamenti, prospettive, convinzioni e abitudini limitanti. Se l'energia resta bloccata per molto tempo nei singoli chakra, si crea un ristagno energetico sempre più intenso che può dare origine a vere e proprie malattie.

Lo sciamano danza per risvegliare il potere della kundalini, l'energia simbolo dell'infinito potenziale umano per raggiungere l'estasi. La kundalini, il serpente attorcigliato, è la forza divina che c'è in ogni essere umano. Questo potenziale divino è però in uno stato assopito alla base della spina dorsale dell'uomo. Il suo risveglio è un passo molto importante nel cammino spirituale. Tale straordinaria energia, quando è risvegliata, sale attorcigliandosi come un serpente attorno alla spina dorsale e percorre i sette chakra principali attivandoli e alimentandoli fortemente di prana (energia vitale). Secondo la tradizione dello Yoga l'energia vitale, detta appunto prana, fluisce nel nostro corpo attraverso i diversi canali presenti a livello energetico. Questi canali sono chiamati nadi. Tra gli oltre mille nadi, ci sono tre principali: pingala, ida e sushumna. Pingala, detto anche „nervo solare" (energia calda), è un canale energetico di circa due millimetri di diametro situato nella parte destra della spina dorsale. Ida, detto pure "nervo lunare" (energia fredda), è anch'esso di circa due millimetri di diametro e si trova nella parte sinistra della spina dorsale. Sushumna è il canale energetico che entra in funzione quando l'energia kundalini si attiva. Questo canale d'energia, di circa un millimetro e mezzo, inizia alla base delle vertebre dorsali e sale attorcigliandosi come un serpente attorno alla spina dorsale. Quando la kundalini si attiva, l'energia pranica scorre abbondantemente attraverso il canale sushumna, attiva i sette chakra e, da questo momento, ida e pingala diventano inattivi. Tutti gli altri nadi che escono dalla sushumna vengono invece nutriti da questa forza spirituale che si distribuisce in tutto il corpo e va ad amplificare i nostri stati di coscienza.

Gli sciamani sono dei maestri nel viaggiare negli stati alterati di coscienza. Durante il viaggio, lo sciamano danza attorno al fuoco accompagnato con il suono del tamburo e l'alterazione della respirazione, prende consapevolezza dello stato interno del proprio essere e delle energie del proprio corpo, comunicando e percependo le varie zone dei chakra per raggiungere ed entrare nello stato di trance. La danza è espressione di vita. "Al culmine della danza lo sciamano risveglia la kundalini, l'energia simbolo dell'infinito potenziale umano, e raggiunge la grande estasi: lo stato della gioia e della dissoluzione dell'io. La gioia è il più grande potere di guarigione che l'uomo possiede, essa è nello spirito, essa è lo spirito, ma, nel proprio processo di reintegrazione, l'uomo la deve riconoscere anche nel proprio corpo, poiché deve riconoscere in se stesso

Satchitdananda, il Sé, il principio divino che è in ogni atomo della materia."[33]

Lo sciamano psicopompo

Il termine sciamano deriva da shaman, una parola dei Tungus della Siberia e si attribuisce a un uomo o donna che ha la capacità di "viaggiare" in uno stato alterato di coscienza derivato dal suono del tamburo e, in alcuni casi, dalle sostanze allucinogene per riconoscere delle malattie, per mettersi in contatto con il mondo degli spiriti, per entrare nel regno dei morti, per tenere il fragile equilibrio sociale e psicologico della comunità. Nella tradizione sciamanica vengono attribuite molteplici funzioni alla figura dello sciamano. Le principali sono il guaritore, lo psicopompo, il vate (lo sciamano poeta) e la guida spirituale. Il vate e la guida spirituale conoscono entrambi i simboli psichici e sono capaci d'interpretare i sogni e di leggere nel grande libro dell'inconscio. Lo sciamano guaritore fa qualsiasi tipo di guarigione che gli spiriti gli indicano. Lo sciamano, nel suo ruolo di psicopompo (conduttore delle anime), aiuta le anime confuse e ancora legate al mondo di mezzo (il nostro mondo) a oltrepassare la soglia e incarnarsi verso il loro

---

[33] *Selene Calloni, Yoga sciamanico, iniziazione mediterranee, Roma, 2013, pag. 86/87.*

destino finale. Accompagnare i defunti è la forma di guarigione sciamanica più elevata da un punto di vista spirituale.

Presso tutte le popolazioni, in ogni cultura, nessuno può diventare sciamano da un giorno all'altro. Si viene scelti dagli spiriti per diventare sciamano e per agire al servizio della propria comunità. E' previsto un lungo e faticoso apprendimento, durante il quale il futuro sciamano deve essere seguito da un maestro preparato che lo avvii, controllando i suoi progressi e i suoi errori. Questo processo provoca un cambiamento così radicale nella personalità, che le civiltà primitive vi vedevano la morte del praticante. Ogni processo di trasmutazione rappresentava un'iniziazione.

Uno sciamano è una donna o un uomo che interagisce direttamente con gli spiriti per trattare gli aspetti spirituali della malattia, praticare recuperi dell'anima, ricevere informazioni, aiutare lo spirito dei defunti a passare oltre e svolgere una serie di cerimonie per la comunità. Lo sciamano interagisce con il mondo invisibile, ha la capacità di entrare in dialogo con il sacro presente nella natura e nella realtà, ha il potere di trasformare la realtà cambiando la coscienza.

Gli sciamani si fondono con i loro animale-guida e con i loro maestri attraverso il canto e la danza rituale con i tamburi. Il lupo bianco ad esempio significa forza di purificazione, il gufo bianco è il portatore di luce che visiona le ombre della notte, la tigre bianca porta luce dove c'è ombra, ecc.

Lavorando con gli spiriti guida, capiamo profondamente che cosa sia veramente il potere. Il vero potere consiste nell'essere in grado di usare la propria energia per trasformare se stessi e gli altri.

Selene afferma che[34] lo sciamano, al pari del medium, non solo è in grado di evocare gli spiriti, ma è altresì capace di non farsi "possedere" dalle forze che chiama, le governa e, allo stesso tempo, padroneggia perfettamente la trance, al punto che essa risulta uno stato ampliato di coscienza nel quale la lucidità ordinaria non viene perduta ma ampliata, elevata e intensificata".

---

[34] Selene Calloni William, *Le carte dei Nat e le costellazioni familiari*, Edizioni Mediterranee, Roma 2011, pag. 35.

Lo sciamano è sempre nel centro del mondo, quando guarda il cielo e la terra, per mezzo dell'asse del mondo, l'Albero del Mondo, può oltrepassare la realtà ordinaria per andare verso un mondo straordinario.

Il mistero più grande nel viaggio della vita è la morte. La morte è una delle chiavi di comprensione della vita. Essendo il punto più misterioso dell'esistenza, rende la vita intera un mistero. Se il mistero della vita finisce con la morte, allora la vita sembrerebbe non avere senso. Per gli sciamani la morte non è la fine di tutto, ma un cambiamento di stato e un passaggio a un livello di esistenza puramente spirituale. Con la morte le anime dei trapassati entrano nel regno dello spirito, nella realtà non ordinaria, in un luogo di trasformazione. Nella mitologia e nelle religioni, lo psicopompo è la figura (in generale una divinità) che svolge la funzione di accompagnare le anime dei morti.

"L'anima chiama dai regni dell'invisibilità, dai mondi lunari dell'ombra, dalla dimora di Ade. Le sue voci sono la grande progenie della morte, il richiamo della capacità di darsi e di creare oltre se stessi. L'anima è la parte invisibile di ogni cosa, essa ci richiama al mistero, al sacro, al sacrum facere, al rito, alla creatività, con la consapevolezza che ogni creazione comporta la morte."[35]

Lo stato di salute non è solo assenza di malattia, è armonia con l'ambiente, è un'intuitiva percezione dell'universo come una trama di un tessuto, con i fili interconnessi, è mantenere una comunicazione con gli animali, le piante, le stelle, è la consapevolezza che non c'è differenza fra la vita e la morte, che noi siamo parte del tutto. La guarigione è dal punto di vista sciamanico, un fatto spirituale in quanto le malattie hanno un'origine spirituale e dagli spiriti possono essere risolte. La perdita dell'anima, intesa come energia vitale, è la più grave forma di malattia spirituale che dà origine a quella fisica e lo scopo della pratica sciamanica è di prevenire questa perdita, nutrendo l'anima e impedendole di "vagabondare". L'immaginazione può influenzare e dirigere i processi del corpo e anche il passaggio dalla malattia allo stato di salute.

Il recupero dell'Anima

L'anima è l'espressione individuale dello spirito e lo spirito l'espressione universale dell'anima. L'anima è

---

[35] *Selene Calloni Williams, Mantra Madre, Edizioni Mediterranee, Roma, 2015, pag. 111.*

tutto quel che ci rende persone uniche e vive. Lo sciamano ritiene che noi siamo composti di più anime, ognuno fatta di una volontà propria.

Secondo lo sciamanesimo durante la nostra vita si possono perdere delle parti di anima a causa di situazioni particolarmente traumatiche come shock, incidenti, depressioni, lutti, ecc. La perdita di frammenti dell'anima che portano a uno stato di disarmonia, può causare tristezza, assenza di energia vitale, sfortuna, malattia, depressione, dipendenze di sostanze o alcool e altro. Questi frammenti dell'anima, lasciati nella situazione traumatica, causano all'anima non più integra, una perdita di potere o carica energetica. Gli sciamani hanno capito per quale motivo molte persone sentono di aver perso una loro parte di sé in un qualche episodio della loro vita. Lo sciamano, con l'aiuto delle sue guide spirituali che possono essere Maestri o di Animali di Potere, viaggia nella realtà non ordinaria per vedere scoprire le parti dell'anima mancanti e ripercorrere molto spesso in maniera metaforica, la vita della persona per individuare le parti d'anima che sono rimaste negli eventi vissuti in maniera traumatica. Con il recupero dell'anima lo sciamano riconsegna alla persona vitalità, energia, salute e creatività.

Una sessione di recupero dell'anima secondo Calloni Williams, inizia con la presa di coscienza dei sette grandi messaggeri dell'anima: il dolore, la malattia, la vecchiaia, la morte, il sonno, la passione sessuale e la ricerca. Abbracciare questi sette messaggeri è ascoltare la voce dell'anima. Dal momento che impariamo a includere questi messaggeri, questi grandi demoni nella nostra vita, allora essi si mostreranno come i nostri amorevoli protettori. Questi sette aspetti fondamentali in verità si manifestano come i grandi traghettatori psicopompi che ci accompagnano nel viaggio dell'eroe.

Il viaggio dell'eroe: il viaggio iniziatico

Il "viaggio dell'eroe" ha una struttura metaforica, che ha le sue radici nei miti e nelle leggende antiche, con una serie di eventi ricorrenti (tappe o fasi) che ritroviamo in tutte le storie. Anche la vita di ciascuno di noi assomiglia a un viaggio che è un percorso fatto di tappe necessarie per saper riconoscere e affrontare con successo l'impegno allo scopo di perseguirle. Il viaggio dell'eroe è una metafora di sviluppo esistenziale, della necessità di abbandonare un luogo fisico o emotivo e per trasformarsi. La metamorfosi non trasforma il protagonista, l'eroe, in "altro", ma rappresenta la scoperta del proprio sé, il risveglio dell'anima di chi ha avuto un'iniziazione. Il viaggio dell'eroe è un viaggio iniziatico, un percorso intenso e profondo in cui ci mettiamo in contatto con la nostra più intima energia di forza e bellezza, l'origine dell'istinto, dell'intuizione, del sogno, del piacere e dei misteri, dell'anima. Il viaggio sciamanico è un viaggio iniziatico nel quale l'Io vuole raggiungere l'autorealizzazione (punto di vista sociale), l'individualizzazione (punto di vista psicologico) e l'illuminazione (punto di vista spirituale).

Ogni stadio della vita, ogni passaggio cruciale, è scandito dall'attivazione di precisi archetipi. Il viaggio iniziatico è il tentativo di raggiungere e mantenere il centro della propria vita, di diventare il padrone della propria vita, senza permettere che nessun archetipo prenda il commando dalla posizione centrale.

L'iniziazione è un rituale collegato agli archetipi che possiedono un ruolo sacro come la guarigione. Nel momento dell'iniziazione si attiva il distruttore che è essenziale per la metamorfosi, la crescita o l'evoluzione della persona. Il viaggio iniziatico è un percorso interiore nel mondo dell'anima.

Nella tradizione sciamanica lo sciamano parte per un viaggio nella realtà non ordinaria, generalmente verso mondi situati in basso, sotto terra, dall'altra parte della terra, chiamati "Mondi inferiori", oppure viaggia verso mondi situati in alto, verso la volta celeste, oltre il sole e la luna, chiamati "Mondi superiori". Gli sciamani, in uno stato alterato di coscienza, hanno sviluppato la capacità di "vedere" gli esseri viventi nella loro essenza più pura possibile, senza immagini mentali o etichette che ci vengono date e che si formano nella realtà in cui viviamo. Lo scopo del viaggio è di andare a recuperare l'anima persa. Nel mondo inferiore, dove finiscono i frammenti dell'anima, in genere si cerca la guarigione. Nei mondi invisibili si possono incontrare persone, animali o piante, già note nella vita reale sotto diversi aspetti, che poi si trasformano in altre forme, come avviene nello stato di sogno. Durante i viaggi sciamanici nella realtà non-ordinaria s'impara a comunicare non solo con lo spirito del proprio animale totem, ma anche con gli alberi, le piante, gli animali, gli elementi della terra, ecc.

Secondo le tradizioni sciamaniche, molti dei sintomi che si creano nel corpo e nella mente derivano dal fatto che ci è stata una "perdita dell'anima". Dopo specificati avvenimenti traumatici, vaghiamo per la vita in forma incompleta, senza forza e senza energia trascurando la nostra vera essenza e cercando sempre fuori quello che solo dentro noi stessi possiamo trovare.

Ogni viaggio è un viaggio unico, ognuno segue un sentiero, una via, ma la traccia del viaggio è archetipica, come ci raccontano i miti che sono universali ed eterni. Un viaggio sciamanico viene intrapreso per recuperare l'essenza della persona spesso creando una storia letterale o mitica per spiegare il perché l'anima fosse andata per poi ottenerne il ritorno, dopodiché l'essenza viene restituita al legittimo proprietario. Un frammento dell'anima è come un'anima a sé. Una parte dell'anima, una volta che si è separata dal resto, appare e si comporta come un'anima indipendente. E' per questo che si parla di anima dei polmoni, anima del cuore, anima dei reni, ecc. Il recupero dell'anima può essere fatto per ogni parte dell'individuo che sia stata ferita o traumatizzata.

Il mito familiare può essere definito come una griglia di lettura della realtà, in parte ereditata dalle generazioni passate, in parte creata nella generazione attuale, che assegna a ciascun membro della famiglia un ruolo e un destino specifico. E' un concetto usato per descrivere la famiglia, che si compone d'immagini e leggende che contribuiscono a creare il senso d'identità della famiglia stessa. I miti, benché falsi e illusori, sono accettati da tutti, anzi hanno qualcosa di sacro e tabù che nessuno oserebbe sfidare. Infatti, per ogni famiglia i propri miti rappresentano la verità.

Non vi è casa che non custodisca nella propria cantina o negli scatoloni della soffitta i miti della famiglia che la abita, ovvero, quelle di lettura della realtà (e di se stessa) ricevute in eredità dai propri antenati. Nelle famiglie i miti si evolvono di generazione in generazione al fine di conciliare i valori del passato con le esigenze attuali. La rigidità dei miti e la loro resistenza al cambiamento, costringono i figli ad agire secondo regole prefissate dalla famiglia d'origine al fine di mantenere una sorte di omeostasi del sistema. La trama di rapporti familiari influenza in modo significativo le relazioni attuali. Ognuno di noi, inconsapevolmente, ricerca un partner che "si mostri disponibile" a realizzare specifici copioni al fine di soddisfare il proprio mandato familiare. Il mito familiare nasce quindi da un atto creativo, sulla base di una mancanza o di un'incompletezza di dati e spiegazioni verosimili su una serie di avvenimenti e di comportamenti realmente accaduti, che vengono tradotti in un racconto condiviso. La memoria e il mito familiare rappresentano per ognuno un punto di riferimento e un luogo di confronto. Ognuno si ritrova a essere soggetto "passivo" che subisce miti familiari già presenti ma anche soggetto "attivo" in grado di poter immettere nuovi elementi e portare a un cambiamento in un'ottica di evoluzione circolare. Esserne consapevoli potrebbe permettere di fare il salto dall'implicito all'esplicito rendendo la nostra storia più chiara ai nostri occhi. I miti riguardano fondamentalmente la forza, la dipendenza, l'amore, l'odio, il desiderio di prendersi cura di qualcuno, di ferire, sentimenti collegati al sesso, alla nascita, alla morte che ogni membro di una famiglia può provare.

Il mito familiare è strettamente connesso al rito familiare. Il rito può essere l'elemento costitutivo o l'elemento rappresentativo del mito stesso. I riti sono atti codificati, che si ripetono nel tempo e ai quali partecipano tutti i membri della famiglia. Rappresentano le aspettative condivise di come la famiglia dovrà reagire in particolari occasioni. Sono rappresentazioni simboliche che celebrano particolari funzioni, soprattutto in occasioni di passaggi di ciclo vitale (per esempio matrimoni, funerali, ecc.). Hanno lo scopo di trasmettere valori o atteggiamenti comportamentali.

I miti famigliari sono stati funzionali per tanti anni ai bisogni della famiglia, ma agli osservatori esterni possono apparire misteriosi, incomprensibili o addirittura sconcertanti e offensivi. Ogni famiglia vive il proprio mito. I miti hanno sempre seguito la storia dell'uomo, in tutti i tempi e in tutte le regioni della Terra. Il mito è una storia che racconta di dei e forze creatrici e del rapporto di tali forze con gli esseri umani. L'esempio che maggiormente ha influenzato tutte le culture di tutte le epoche, sia nella tradizione orale che in quella scritta, è il mito dell'eroe. L'eroe simboleggia quell'immagine divina, creativa e redentrice che è nascosta in ognuno di noi e vuole solo essere trovata e riportata in vita. Tutte le storie mitiche di eroi ed eroine sono rappresentate da uno schema scoperto da Campbell e Vogler: Separazione – Iniziazione – Ritorno. Tutta la narrativa segue gli antichi modelli della mitologia e tutte le storie che da millenni accompagnano la vita dell'uomo, provengono da una medesima radice mitica, che segue il medesimo schema del Viaggio dell'eroe.

"Conoscere le strutture del mito universale ci facilita il compito di scoperta del nostro mito inconscio e rende più condivisibile il nostro viaggio" ... "Il viaggio serve all'eroe per scoprire la propria identità con la divinità di natura."[36]

La vita come un sogno

Fin dall'antichità, il culto degli antenati si è esteso in infinite modalità in tutto il mondo e attraverso lo sciamanismo e si è fatto strada godendo di grande importanza.

Accogliere i doni degli antenati significa lasciare fluire la forza dell'eredità del passato e dalla bellezza nei nostri geni. Poiché accogliamo la forza degli antenati, potremo accettare il presente e affrontare le difficoltà della vita con coraggio trovando nuove prospettive, le quali sono già dentro di noi ma che non siamo in grado di vedere perché siamo troppo presi dalle preoccupazioni e dalla paura. L'ansia impedisce il darsi. Può essere che un'esperienza passata di un antenato non sia stata riconosciuta. Quando non vi sono riconoscimento e gratitudine, il flusso della bellezza viene bloccato e non

---

[36] *Selene Calloni Williams, Psicogenealogia e costellazioni familiari ad approccio immaginale, Editore spazio interiore, Roma, 2016 pag. 109/110.*

scorre più con fluidità. Quando succede questo, si crea un legame spirituale che arriva in eredità ai discendenti di quell'antenato.

Gli antenati possono donarci un differente punto di vista di ciò che ci succede, anche perché probabilmente hanno vissuto situazioni molto simili e conoscono i limiti e i potenziali dell'esperienza. Gli antenati sono la forza e l'amore che lava via la sofferenza. Con i doni e i talenti che ci hanno trasmesso, possiamo manifestare la bellezza sulla Terra, la bellezza che in passato era loro, che ora è nostra e che in futuro sarà dei nostri discendenti. Riconoscere l'invisibile significa amare e fluire nella bellezza della vita come in un meraviglioso sogno. Vivere la vita come un sognatore in un sogno ci aiuta a riconoscere che tutto è illusione, immaginale, proiezione e impermanenza e a non prenderci più troppo sul serio. Questo modo di vedere ci rende più distaccati dalle nostre sofferenze.

L'oracolo della reincarnazione

Nella Bhagavad-gita c'è scritto: "Per l'anima non c'è mai nascita, né morte. Esiste e non cessa mai di esistere. E' non nata, eterna, esiste sempre, non muore ed è originale. Non muore quando il corpo muore."

Nella tradizione induista, il ciclo di vita, il samsara in sanscrito, nel quale l'anima s'incarna di corpo in corpo, continuerà fino a che essa si libererà dal debito karmico, raggiungendo l'illuminazione e l'unione con il Sé.

Secondo le antiche tradizioni spirituali, ogni anima s'incarna in vite diverse, di corpo in corpo fino a trascendere l'esistenza ed elevarsi su un piano di coscienza superiore.

La reincarnazione era nota in tante altre culture come quelle degli antichi Egizi, Greci, Indiani d'America, Aborigeni australiani e molte tribù africane, Ebrei e anche nel primo Cristianesimo.

Dion Fortune descrive l'incarnazione come uno spettro: "Lo Spettro, quindi è un quadro composto di tutte le forme e di tutte le memorie delle incarnazioni passate, e potrebbe essere appropriatamente paragonato alla serie di riflessioni in una coppia di specchi."[37]

Molti personaggi sono convinti che il tempo non esiste. Einstein aveva scritto nelle sue ultime lettere: "la

---

[37] *Dion Fortune, Guarigione esoterica, Venexia, Roma, 2014, pag. 23.*

separazione tra passato, presente e futuro ha solo il significato di un'illusione, se pur tenace". Dal punto di vista fisica il tempo sembra essere un'illusione della mente. Tutti i maestri spirituali parlavano del "qui e ora". Nella nostra mente razionale il ciclo della reincarnazione sembra essere una vita dopo l'altra. Secondo il prof. Bona non c'è una vita passata né una vita futura, tutto è correlato al presente. Sembrerebbe esserci un unico organismo vivente in un eterno presente riconducibile al sé contemporaneamente.

"Le memorie delle vite precedenti arrivano spontaneamente quando si è pronti per vederle e riprenderne il filo, bisogna prima aver fatto un bel po' di pulizia interiore."[38]

Crediti e debiti karmici familiari

Il termine Karma in sanscrito significa "azione compiuta", cioè il gesto creato e ciò che di per sé ne consegue. La legge del Karma è conosciuta come legge di causalità o legge di causa-effetto. E' una legge che ci fa capire la responsabilità delle nostre azioni in una realtà che è specchio della coscienza. Nel buddismo

---

[38] *Marco Massignam, Costellazioni rituali, tecniche nuove, Milano 2014, pag. 335.*

"karma" significa "azione volitiva", che pone l'accento all'atto di volontà riguardo alla predeterminazione del destino.

Secondo la visione orientale siamo anime che, di vita in vita, s'incarnano in un essere vivente che accumula esperienze dirette, sviluppa talenti e qualità, ma crea anche situazioni irrisolte, debiti, legami da scogliere e blocchi ereditati dalla nostra anima con i quali veniamo al mondo.

Quando il dare e il ricevere non sono in equilibrio si creano crediti e debiti karmici. Se non sono in equilibrio, lo si vede da come sta andando la vostra vita. Se il ricevere non è in equilibrio con il dare, quello che noi riceviamo (positivo) non può fiorire in noi perché c'è un senso di colpa (inconscia). Mi sento in colpa se faccio qualcosa che può danneggiare la relazione con gli altri e amato se quello che faccio è utile per la relazione con gli altri. Se non mi comporto secondo le tradizioni dell'appartenenza famigliare o genealogica, mi sento in colpa e in pericolo, quindi faccio di tutto per comportarmi in modo che vengo sempre ben accettato dalla comunità o clan familiare. Tutti coloro che fanno parte del gruppo vengono onorati e hanno un posto degno nel gruppo. La coscienza collettiva familiare vuole che tutti facciano parte della famiglia.

Il piano divino

Dal momento che sappiamo di esistere, di essere coscienti di noi stessi, e riconosciamo anche che siamo un individuo con tutta la nostra memoria del passato, il fatto stesso di riconoscerlo ci fa realizzare che anche questa dimensione è parte dell'impermanenza e ciò che si realizza è il totale abbandono, il che equivale alla morte dell'io sull'altare dell'immortalità; questo è parte integrante di un profondo processo di purificazione che renderà il canale ulteriormente purificato.

Il destino, ovvero la missione dell'anima di ciascuno, è già scritto nelle antiche pagine del piano divino, ma non ci è dato per certo conoscerlo poiché la mente, che è limitata, non potrà mai conoscere ciò che è illimitato.

Secondo Calloni Williams se comprendiamo attraverso il mito familiare, le forze che agiscono nella nostra vita, diveniamo padroni, ossia artefici del nostro destino.

"Il destino non è scritto nella pietra, ma nelle ombre di chi ci ha preceduto, e nei nostri sogni onirici e desideri profondi. Ciascuno di noi mette in scena un mito: vedere questo mito, evocare e imparare a dialogare con le immagini degli antenati e dei sogni, significa avviarsi alla guarigione."

Non sapendo per certo che cosa ci riserverà il momento futuro, ecco affiorare il nostro presunto libero arbitrio, e qualsiasi decisione prenderemo, sarà parte del piano divino. Più saremo liberi dai condizionamenti del passato, meno vivremo la vita degli altri, dei nostri antenati, ma andremo sempre più verso la realizzazione della missione dell'anima.

Il ruolo del costellatore immaginalista

Il ruolo e le maschere

In wikipedia c'è scritto che "il termine ruolo deriva dal teatro, anticamente gli attori, sul palco, leggevano le proprie battute da un foglio di carta arrotolato denominato rotulus, in latino." Il termine rende bene l'idea della parte che ciascuno recita sul palcoscenico della vita, adattandosi alle aspettative e alle regole stabilite dalla società. Il concetto di ruolo implica necessariamente quello d'interazione sociale e di relazione. Il ruolo può assumere un significato differente a secondo che sia un "abito" di sola realtà materiale, o espressione d'integrazione di realtà affettive. Sulla base di questa fondamentale distinzione è interessante introdurre Luigi Pirandello. Egli attraverso la sua "teoria delle maschere" spiega come l'uomo si nasconde dietro le maschere imposte dalla società, dal buon costume. Secondo lui l'uomo non è in grado di conoscere la propria essenza perché indossa continuamente diverse maschere. Il concetto è ben espresso nella sua opera "Uno, nessuno centomila". L'essere umano è "Uno" perché pensa di avere una personalità sola e "Centomila" perché dietro la maschera può nascondersi qualsiasi cosa e "Nessuno" poiché in realtà l'uomo non ha nessuna maschera, un nessuno con le maschere non può mai essere sé stesso. L'uomo vive diverse realtà e non ne può mostrare nessuna, vive centomila aspetti e forme diverse senza che almeno una riesca a esprimere la sua vera essenza. L'essere umano è alla continua ricerca di ritrovare sé stesso ma rimane sempre la tentazione di rimettersi la maschera, perché la ricerca è fatica, è impegno e l'uomo stanco che non crede di riuscire a lottare torna alla stabilità, all'immobilità, si rifugia dietro ad una protezione che è la maschera. In realtà egli vorrebbe esprimere il suo essere ma si sente bloccato dal giudizio dell'altro, dalla società.

Se la persona non è consapevole di indossare una maschera, vive la sua vita attraverso i ruoli, cercando di fare le cose "per bene", seguendo le regole imposte dalla società. La realtà affettiva dell'essere umano non è il ruolo ma l'essere sé stessi. Il vero scopo della vita è la lunga e faticosa ricerca del vero sé. Essere sé stessi vuol dire aver ritrovato la propria storia, il vero vedere oltre l'apparenza e avere una comunicazione umana e affettiva con gli altri. Essere sé stessi è l'esatto opposto del ruolo.

"...nella nostra società il personaggio che uno rappresenta e il proprio sé sono in certo modo identificati e il sé-in-quanto-personaggio è in genere visto come qualcosa che alberga nel corpo di colui che lo possiede – soprattutto nelle parti superiori del corpo -, costituendo un ganglio nella psicobiologia della personalità"39

Ogni essere umano è inserito in un contesto sociale che partecipa alla creazione dell'immagine che un individuo ha di se stesso. Un ruolo importante nella creazione del sé lo assume dunque il contesto sociale che ci fornisce costanti feedback su ciò che noi siamo. Secondo Erving Goffmann (1922-1982) tutti noi siamo impegnati, come attori professionisti, nel tentare di impersonificare ruoli che rispecchino i nostri desideri, il nostro sé ideale. Egli sviluppò una teoria dei processi d'interazione sociale denominata: "modello drammaturgico". Ogni essere umano sceglie con molta cura e attenzione dei "costumi" e cerca di convincere il pubblico (amici, parenti, colleghi, estranei) delle proprie rappresentazioni, ovvero proiezioni, offerte come realtà. Normalmente gli individui svolgono diversi ruoli e quindi devono reggere più

---

[39] *Erving Goffman, La vita quotidiana come rappresentazione, il Mulino, Bologno 1969, Pag. 277, 288*

immagini di sé. In queste situazioni è il "ruolo migliore", quello che meglio si adatta alla situazione, che prende il sopravvento. Quindi se mi trovo sul lavoro sarò costellatore immaginalista, se sto a casa sarò casalinga, se sono con i figli sarò madre, se sono con il partner sarò l'amante e così via. Se la persona è fatta di tanti ruoli, non riesce a percepirsi come un'unità, ma si sente divisa in tanti piccoli frammenti. Dobbiamo essere consapevoli che chi abbiamo davanti è un essere umano come noi, ma diverso da noi. Per prima cosa dunque, per comunicare davvero dobbiamo riconoscere questa sua diversità, questo suo modo unico di dare un senso alle cose.

Essere autentici

Essere autentici significa vivere in contatto con la parte vera di sé. Significa non avere più bisogno di nascondere a se stessi le proprie parti incompiute e fragili, nascondendole dietro una maschera. Abbiamo creato anche la maschera per non far vedere le nostre parti più ombrose. Iniziare a vedere le proprie maschere, la propria inautenticità, è dolente. Lo psicologo americano Carl Rogers (1983), ritiene che l'autenticità è fondamentale per migliorare la comunicazione e le relazioni umani. Divenire autentici è un percorso di riscoperta e di accettazione delle proprie ombre e di riassorbimento delle nostre proiezioni e immagini. Autenticità significa non doversi più nascondere e relazionare con il mondo con maggiore libertà e consapevolezza e potersi affermare senza temere il giudizio da parte degli altri. Il poter trovare un interlocutore non giudicante e affettuoso è per Rogers la condizione essenziale per lo sviluppo di una piena maturità della persona.

Accogliere, ascoltare e comprendere l'altro così com'è nella sua autenticità permette la realizzazione di un rapporto basato sull'interesse reale ed empatico. Empatia non è solo sentire l'altro senza confondersi con l'altro, ma è soprattutto ascoltare e ricevere l'altro; è quel legame di reciprocità che consente di realizzare un rapporto di interesse e di desiderio. Desiderio di ascoltare e parlare, di donare e ricevere; è un rapporto che diviene sintonia e complicità. Sentirsi riconosciuto attiva nell'altro il ricordo di affettività e personali potenzialità e abilità che ora potrà portare in tutti i rapporti.

Il gruppo può costituire una grande risorsa per l'individuo per osservare, elaborare e gestire il proprio mondo interiore, le proprie relazioni e proiezioni. Possiamo in qualche modo partecipare alle esperienze degli altri con l'immaginazione e con l'empatia, con l'ascolto e con le parole, cercando di capirsi.

Il costellatore immaginalista

Un buon costellatore immaginalista dovrebbe aver fatto un lavoro di purificazione interiore per riuscire a riconoscere come osservatore empatico e senza giudizio le dinamiche di gruppo. Egli è consapevole del fatto che anche nel momento in cui è "semplice" osservatore, interviene a trasformare la crescita dell'individuo e del gruppo.

Ci sono diversi modelli disponibili di conduzione di un gruppo, ma due concetti sono da distinguere: il processo e la struttura. Per processo s'intende ciò che succede all'interno del gruppo dall'inizio alla fine della conduzione. Le dinamiche che ci sono all'interno di un gruppo, le norme e le affinità tra i partecipanti che regolano le dinamiche, la fiducia e le resistenze di ciascuno e come emergono i conflitti e vengono affrontati e quali forze aiutano nel trovare l'equilibrio. Le tecniche sono gli strumenti e la metodologia a disposizione del conduttore per facilitare il processo. L'abilità del conduttore sta nell'adottare le tecniche in maniera spontanea e fluida, evitando di forzare nulla. E' anche appropriato che i partecipanti comunichino e condividano i loro vissuti riguardo il processo e le tecniche.

Nel caso della conduzione di una costellazione ad approccio immaginale, Calloni Williams afferma che "Il lavoro del costellatore immaginalista è più simile a quella di un artista che non al lavoro di un terapeuta nel senso comune del termine." ... "Il costellatore immaginalista riuscirà a non mettere il suo Io nella propria opera solo se a sua volta avrà trasformato i propri temi personali in eventi mitologici e universali. Perciò è importante che chi conduce la costellazione immaginale abbia approfonditamente lavorato su di sé al fine di depersonalizzare e smaterializzare la propria percezione della realtà. Depersonalizzare significa abbandonare la prospettiva generata dalla legge di causa-effetto e comprendere che le cose accadono perché hanno un telos, un fine."40

---

[40] Selene Calloni Williams, Psicogenealogia e costellazioni familiari ad approccio immaginale, Editore spazio interiore, Roma, 2016 pag. 49.

Il costellatore immaginalista ha la funziona di entrare nello stato naturale che è quella condizione che va oltre il pensiero, in cui non c'è nessuna intenzionalità personale e assenza di giudizio.

Il lavoro del costellatore immaginalista è una professione per il cui esercizio sono necessarie abilità relazionali fondate sulla conoscenza di sé e delle proprie caratteristiche comunicative, sulla conoscenza degli ambiti costitutivi la dimensione umana, sulla capacità di sospensione del giudizio dell'interpretazione e delle pressioni direttive, sulla capacità di distinguere il valore intrinseco della persona separandola dal disagio di cui essa stessa si sente portatrice, sulla capacità di stare nel "qui ed ora" di quel che avviene nella relazione.

Nel lavoro del costellatore immaginalista s'inizia attraverso una fase di accoglienza, nella quale si cerca di comprendere il disaggio del cliente, il suo contesto di riferimento e la sua motivazione all'essere aiutato, al fine di impostare un piano di intervento efficace e coerente. Tutto ciò si concretizza attraverso la creazione di una relazione di aiuto fondata su reciprocità e cooperazione.

Il costellatore immaginalista è in grado di condurre una

serie d'interventi finalizzati all'esplorazione, alla chiarificazione e alla comprensione delle situazioni problematiche del cliente; è in grado di comprendere i motivi del disagio e la situazione problematica portata. Tali competenze vengono attuate impiegando una strategia d'intervento attraverso le diverse tecniche di lavoro a disposizione delle costellazioni ad approccio immaginale che aiuterà il cliente nello sviluppo delle proprie risorse e abilità. Il costellatore immaginalista è in grado di sostenere e mobilizzare le risorse nel cliente durante tutto il processo di trasformazione.

La competenza relazionale "impone" al costellatore immaginalista di essere pressoché una tabula rasa e di rinunciare a se stesso per tendere al processo della verità dell'io e dell'altro. Ciò significa che chi è in ascolto prende distanza dalle proprie convinzioni, dai propri pensieri e dalle proprie emozioni e non ascolta le proprie risonanze. Se chi ascolta porta nell'interazione il giudizio o la credenza personale o le proprie proiezioni, rimane autocentrato e non partecipa al mondo dell'altro. E' solo abbandonandosi alla partecipazione, uscendo da noi stessi che riusciamo a comprendere veramente l'altro. Occorre dunque prendere distanza dai pensieri e fare "il vuoto" dentro se stessi prima di poter aiutare gli altri.

Esprimere solo ciò che realmente corrisponde al proprio sentire, evitando frasi stereotipate o di circostanza, mantenendo un costante contatto empatico, è difatti ciò che ognuno di noi probabilmente si aspetterebbe da chi ci ascolta, nell'ipotetico caso di una confidenza o di un nostro sfogo. Questa congruenza tra modo di sentire e modo di esprimere i propri stati interni, comprende una genuinità e un'apertura che consentono di mostrarsi all'altro per ciò che siamo. Più si è autentici, più le relazioni cambiano in questa direzione, si modificano e si sviluppano. Essere riconosciuti e ascoltati dagli altri, permette di riconoscere e ascoltare maggiormente se stessi, e questa consapevolezza provoca cambiamenti e trasformazioni personali. Possiamo intuire quindi che il riconoscimento dell'esperienza interna altrui, fa sentire chi ci sta parlando accettato, accolto e meno solo.

Sapersi relazionare positivamente osservando l'altro nella sua totalità, crea un senso di partecipazione necessario per una forma più alta di cooperazione, che conduce a un arricchimento personale e a un accrescimento lavorativo o produttivo.

Nelle costellazioni familiari ad approccio immaginale il conflitto è risolto quando tutti trovano il loro beneficio, quando ognuno è nel posto giusto, pronto ad assumersi quello che gli spetta, quando ciascuno è centrato in se stesso e non interviene negli affari degli altri. Allora tutti ritrovano il sentimento della loro dignità e si sentono bene. Allora sappiamo che abbiamo la buona soluzione di un problema. Il problema non va risolto ma va pacificato o superato.

Laboratorio di Costellazione immaginale

19 marzo 2018 ore 14.00 – 18.30

Il laboratorio era rivolto a principianti e a persone con esperienza che desiderano migliorare la loro comunicazione con gli altri e approfondire il loro percorso su una tematica originale e coinvolgente come "la sessualità come energia creatrice per il risveglio della propria missione". I partecipanti che hanno frequentato questo laboratorio erano persone adulte dai 30 ai 65 anni senza alcun problema specifico pedagogico. Il laboratorio si è tenuto in una mezza giornata. Il lavoro era rivolto alle diverse forze o avi che si nascondono dietro ognuno di noi. Questo elemento era lo strumento cardine di questo percorso per la consapevolezza individuale e di crescita personale.

L'incontro era costituito dalle 4 parti seguenti:

1. Gli incontri che propongo cominciano sempre con un allenamento di riscaldamento come la percezione, elasticità e movimento del corpo e della voce e lavoro sulla condizione fisica. Questo momento d'entrata così strutturato è un momento importante di condivisione e di unione, dove le urgenze del momento hanno

l'opportunità di emergere, così da permettere a ognuno d'esprimere, in un clima disteso e conviviale, le proprie emozioni e le proprie sensazioni e condividerle con il gruppo.

2. La seconda parte è sempre concentrata sugli esercizi giocosi per la fondazione del gruppo. Importante è che i partecipanti imparino a fidarsi l'uno dell'altro e così potrà esserci una buona energia nel gruppo favorendo la sensibilizzazione del singolo. Lasciarsi andare spontaneamente e percepire l'energia del gruppo sarebbe lo scopo per poi poter entrare in modo più facilitato nelle costellazioni familiari ad approccio immaginale.

3. Nella terza fase usiamo lo schema delle sette parti del lavoro sul transgenerazionale nella prospettiva immaginale di Calloni Williams.

4. Terminiamo il laboratorio con una danza libera, con la musica sciamanica per liberare tutta la stanchezza del lavoro.

L'obiettivo del laboratorio era di migliorare la propria corporeità, la percezione e la consapevolezza di sé e facilitare l'espressione, potenziare la capacità creativa della persona, scoprire le possibilità e dinamismi del corpo, favorire la comunicazione e i rapporti interpersonali, favorire la riunificazione della persona nella sua globalità fisica psichica ed emotiva, incontrare e integrare in modo costruttivo gli elementi antagonisti e conflittuali che organizzano e animano la personalità a ritrovare fluidità nel contatto con se stessi e gli altri ovvero ritrovare sempre di più la strada verso la missione della nostra anima.

Un altro aspetto importante da sviluppare era il lavoro dell'insieme di competenze e comportamenti individuali che vanno gestiti in un gruppo. Ognuno ha un ruolo importante. Il gruppo dovrà essere in grado di amministrare la comunicazione e le informazioni che fanno funzionare un gruppo. La qualità dell'ambiente fatta di sentimenti, percezioni e opinioni ha un ruolo importante. La crescita delle competenze dell'individuo e dell'intero gruppo vanno sviluppate. Il lavoro di gruppo costituisce un'occasione di crescita e un'esperienza di grande valore per ogni essere umano. Noi siamo continuamente coinvolti in gruppi diversi. Il gruppo può fornire uno sbocco per i bisogni di affiliazione: amicizia, sostegno e affetto.

Con il lavoro delle costellazioni familiari ad approccio immaginale andiamo a scoprire e a conoscere cosa si comunica in realtà oltre alle parole, permettendo di migliorare notevolmente ogni tipo di relazione. S'impara a riconoscere gli stati emotivi e come questi influenzano i nostri comportamenti quotidiani. Il semplice fatto di osservarsi, permette di vedere degli aspetti che stimolano le interazioni interpersonali e il gioco di squadra.

Questi erano i punti significativi da prendere in considerazioni per il laboratorio:

1. Gli atteggiamenti del nostro corpo trasmettono messaggi.

2. Il modo in cui entreremo in una situazione sarà già una presentazione nei confronti del pubblico.

3. Anche un semplice gesto quotidiano, come sistemarsi i capelli, se fatto in scena, assumerà una valenza espressiva.

4. Lo sguardo porta con sé una grande forza. Decidere sempre dove indirizzare il proprio sguardo o la battuta tramite lo sguardo.

5. Una respirazione libera è la base di partenza fondamentale per qualsiasi cosa che iniziamo a fare.

6. Mantenere sempre attivo l'ascolto rispetto all'attenzione del pubblico. Se ci accorgiamo che c'è un calo, sorprendere il pubblico con un cambio di ritmo, di posizione nello spazio o con una pausa.

7. Lascarsi sorprendere dalla forza di ciò che esce in maniera spontanea, cioè libera e non ragionata, dal nostro corpo.

8. Non esiste nulla di giusto e di sbagliato nell'espressione creativa ma solo la verità di qualcosa che viene da dentro noi stessi e che si raggiunge togliendo il giudizio e immergendosi totalmente nella concentrazione rispetto a quello che si sta facendo.

9. La creatività appartiene a tutti, va solo liberata.

Useremo da una parte lo schema del viaggio dell'eroe, dall'altra parte le sette parti del lavoro sul transgenerazionale nella prospettiva immaginale di Selene Calloni Williams.

Ecco l'esempio di una partecipante al laboratorio, Anna Livia di 52 anni, in preda al burnout:

1. Il disegno del genogramma.

Chiedo ad Anna Livia di disegnare il proprio genogramma su un foglio preparato da me.

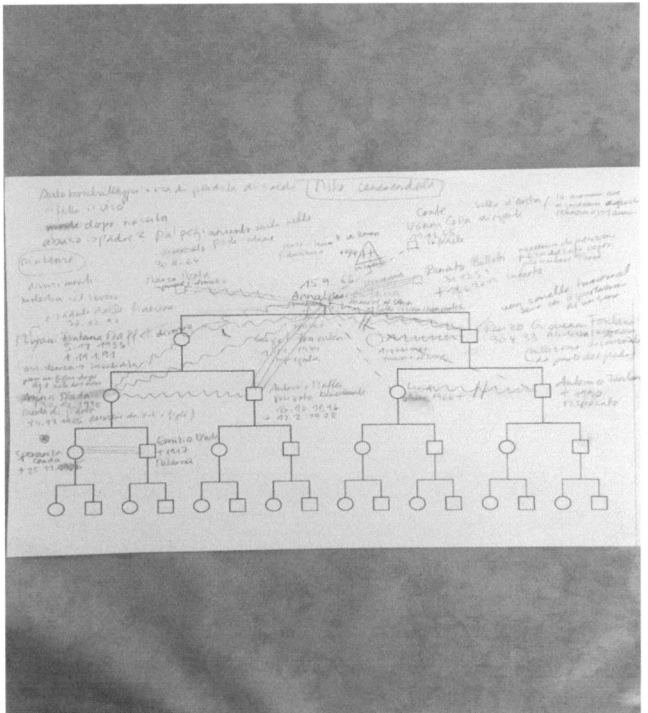

2. Il gioco delle carte dei Nat.

Seguirà il gioco delle carte dei Nat secondo lo schema descritto nel libro di Selene Calloni Williams. Cerco di capire quali sono le forze che aiutano a raggiungere il proprio obiettivo e quali vanno contro o lo ostacolano. Verifico se ci sono degli antenati presenti nell'inconscio del costellante come energia di aiuto e sostegno o se ci sono legami inconsci che causano un boicottaggio del successo del raggiungimento della missione. Arrivati a questo punto, possiamo avere un quadro più chiaro su che cosa il costellante vuole lavorare.

Anna Livia è single e si trova parzialmente in disoccupazione da due anni facendo guadagno intermedio presso un datore di lavoro truffatore nell'ambito del settore delle vacanze per il quale lavora da 11 anni come contabile. Prima lavorava al 100% e aveva un salario molto alto. Il salario e le ore di lavoro sono stati man mano abbassati. Lei, per non andare in disoccupazione, ha accettato le nuove condizioni. Adesso si trova con un salario con il quale non può vivere e quindi è stata costretta comunque ad andare in disoccupazione.

Il suo desiderio è di trovare un lavoro onesto che la soddisfi di più e un compagno di vita.

Anna Livia è figlia unica con un padre che ha abusato sessualmente di lei in tenere età. Questi abusi sessuali li ha vissuti anche sull'attuale posto di lavoro da parte di un suo superiore. Invece il datore di lavoro Roberto l'ha costretta a fare cose illegali come frodi, truffe e bilanci falsi. Roberto si trova nella posizione 7 ed è uscita proprio la carta del tradimento. Nella posizione 4 c'è la carta dell'arcano del vero amore che si trova nella parte bassa dello schema del gioco dei Nat e rappresenta il suo karma negativo. Il suo primo amore è suo padre che non è stato capace ad amarla come un vero padre. Egli l'ha usata per i propri bisogni e così si è sentita tradita dal vero amore paterno.

L'aspetto fondamentale è quello rappresentato dalla condizione della vittima, l'impossibilità a scegliere o a comprendere correttamente quello che sta accadendo o che viene proposto. L'abuso sessuale intrafamiliare produce effetti più gravi di quelli prodotti da abusi avvenuti all'esterno del nucleo familiare. Infatti, la maggior parte degli abusi sessuali intrafamiliari viene effettuata dai padri. L'abuso sessuale, specialmente se intrafamiliare, può dare origine a molti problemi psicologici. Quando l'abuso sessuale viene commesso all'interno dell'ambiente familiare e, quando l'abuso viene fatto da un genitore, la persona abusata vive come una profonda ferita il fatto di non essere stata amata nel modo corretto da una persona di cui aveva bisogno. Questo può portare a una profonda sfiducia nei confronti della gente e/o ad attuare un comportamento aggressivo e manipolatorio.

Una persona cresce bene in un ambiente familiare sano quando sente di avere un valore e un grado di amabilità intrinsechi per il fatto di essere stati sufficientemente amati e apprezzati. Nel caso di una vittima di abuso sessuale si assiste tipicamente alla presenza di una bassa autostima, alla sensazione di non essere veramente degni di amore.

E non è un caso che è uscita la carta dell'arcano del vero amore. Anna Livia non era consapevole del fatto che quello che ha fatto suo padre l'abbia influenzata e condizionata per tutta la sua vita.

Nella posizione 4 è uscito l'arcano della rabbia. In questa posizione la rabbia diviene una forza positiva, un fuoco che ci nutre, ci dona idee, creatività e forza. Anna Livia ha tanta rabbia dentro di se e questa la scarica spesso sul padre che è diventato un alcolista o un caro amico Marco che si trova in posizione 5 con l'arcano dell'impulsività. Anna Livia è molto consapevole della sua impulsività accompagnata dalla rabbia che scarica sulle persone più care, ma non riesce sempre a controllarla. Spesso fa delle azioni delle quali dopo si pente.

Nella posizione 2 abbiamo il padre e l'arcano della contemplazione degli antenati. Anna Livia è chiamata a riflettere sugli antenati. Facendo il genogramma e lavorandoci sopra, ha riconosciuto tante dinamiche che la condizionano ancora oggi.

Nella posizione 1 troviamo il suo amico Daniele che è stato trovato impiccato nello stesso giorno del compleanno della madre di Anna Livia. Fin qui abbiamo visto la parte superiore, la parte conscia del gioco dei Nat.

Ritornando sulla carta dell'arcano del vero amore, questa rappresenta un karma negativo, Anna Livia non è consapevole di avere questo dono che consiste nel saper amare gli altri. Nella posizione più bassa si trova il nonno Antonio con l'arcano del distacco. Anna Livia ha avuto un ottimo rapporto con il nonno. E' la persona che è stata capace di darle quell'amore del quale lei ha tanto bisogno. Il nonno le ha fatto da padre ed era un buon esempio maschile per lei, perciò fa fatica a lasciarlo andare. Lui faceva il polizotto ed era una persona molto corretta. Visto che si trova nella posizione più bassa del gioco, invita Anna Livia a distaccarsi da lui per finalmente fare la vita che piace a lei e non dover più compiacere al nonno.

Renato si trova nella posizione 5 con la carta dell'arcano dell'ebrezza. Anna Livia sembra vivere una sorta di dipendenza da quest'uomo. E' l'unico uomo che lei avrebbe voluto sposare, ma con il quale ha avuto solo una relazione d'amicizia. Lui è morto d'infarto 5 anni fa. Renato rappresenta per lei il rimorso e la coscienza.

Rimane il cane Billy che Anna Livia ha preso 6 mesi fa perché si sente molto sola. Billy si trova nella posizione 8 con l'arcano della dedizione. Il cane rappresenta l'uomo che lei non ha trovato d'amare pienamente. Anna Livia si occupa con dedizione al cane, ma, essendo un surrogato, non è nella condizione di poter esprimere pienamente il suo amore. Il cane non può riempire il suo vuoto.

Anna Livia è invitata a lasciare andare il "mito del tradimento" e far fiorire il suo vero amore.

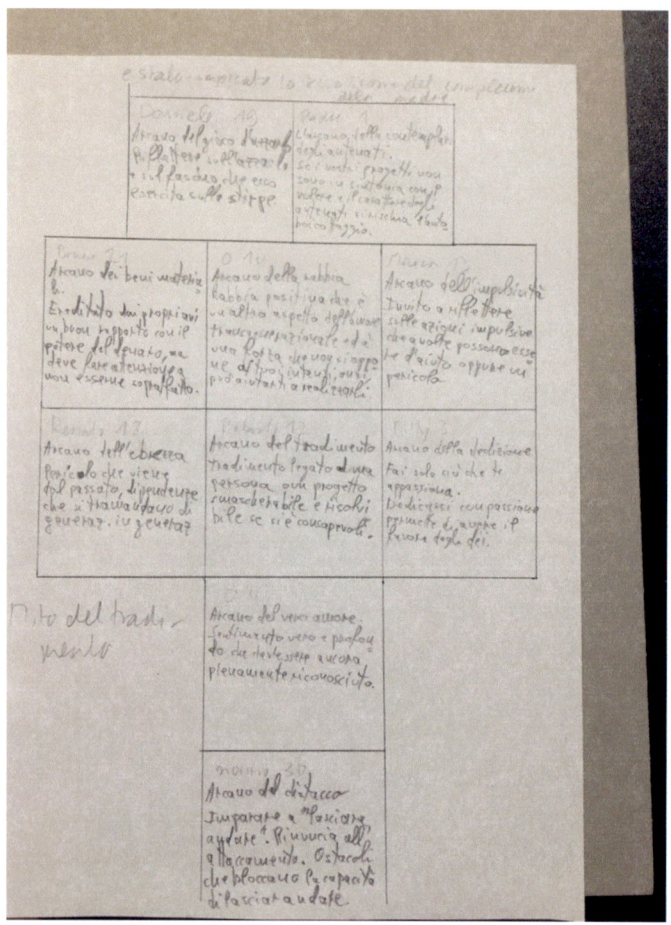

3. L'elaborazione del genogramma.

Lascio parlare liberamente il costellante dei fatti ed eventi secondo il disegno del genogramma che ha fatto. Questo momento è fondamentale per chiamare le forze degli avi e le loro memorie. Dopodiché mettiamo da parte tutte le informazioni ricevute per non entrare nello schema del giudizio.

Mi pongo le seguenti domande: c'è qualcuno in famiglia che ha un destino con il quale m'identifico? Porto con me i suoi sentimenti? O c'è un avo che imito per solidarietà, per fare giustizia o per un senso di colpa? O c'è addirittura un antenato che cerco di seguire nella morte? Quali comportamenti ho ripreso dal sistema famigliare? Ci sono dei modi di dire o modelli/dinamiche della famiglia che rifletto? Quali colpe devono essere portate alla luce e pacificate?

Se guardiamo il genogramma, notiamo subito che Anna Livia porta i nomi delle due nonne. Ci sono diverse donne che hanno avuto un tumore al seno. La nonna paterna Livia è morta di questa malattia. Anche Anna Livia ha avuto un tumore benigno al seno. Per non finire come la nonna paterna, essa ha preso delle precauzioni operandosi i seni. Il seno rappresenta la maternità, il nido materno e l'affettività. Questa ricorrente malattia nel clan familiare richiama un dolore antico di abbandono e mancanza di affetto nell'infanzia.

Anna Laura ha perso la madre all'età di 25 anni e a 28 anni ha perso due gemelli all'ottavo mese di gravidanza. Questi due gemelli potrebbero essere le due nonne Anna e Livia che sono state tutte due tradite dai loro mariti, i quali hanno lo stesso nome Antonio. Dopodiché ha perso anche il lavoro e il suo compagno di vita che era un conte benestante.

Dalla parte materna ci sono state diverse strane coincidenze, come ad esempio la nonna Anna che nasce il 25 novembre e nello stesso giorno muore sua madre Speranza. Nonna Anna perde un figlio di meno di un anno per un incidente (cade dalla finestra). Dalla parte del padre sembra che ci sia il mito del divorzio, almeno nelle ultime 4 generazioni.

4. La celebrazione dello stato naturale.

Lo yogin e sciamano Tilopa descrive lo stato naturale di un modo d'essere senza giudizio come segue: "non produrre sforzo, non pensare, non riflettere, non analizzare, non ricordare, non porre alcuna intenzionalità nella pratica, ma non smettere di praticare al fine di ottenere ciò che non è da ottenere".[41]

---

[41] *Selene Calloni Williams, Psicogenealogia e costellazioni familiari ad approccio immaginale, Editore spazio interiore, Roma, 2016 pag. 34.*

Questa è una tipica frase zen, un koan ovvero la contrapposizione degli opposti che contraddistingue la mente che è sempre duale e non potrà mai cogliere ciò che è al di là di se stessa.

In questo senso procediamo con il lavoro prima di mettere in scena. Il costellatore lascia che tutto ciò che deve accadere in modo spontaneo e naturale accada.

5. La costellazione familiare ad approccio immaginale.

Questo è il momento dove mettiamo in scena la costellazione familiare ad approccio immaginale. Il costellatore sceglie i rappresentanti consensuali oppure dei pupazzetti che metteranno in scena i diversi avi, personaggi o forze/energie. Una volta scelti tutti questi personaggi, ognuno è chiamato a lasciarsi completamente svuotare e portare dall'energia e dalla forza degli avi che vuol essere vista e riconosciuta in scena. Nelle costellazioni familiari ad approccio immaginale sviluppiamo la capacità di ascoltare quello che l'intero corpo esprime durante le interazioni. Il corpo è il nostro principale strumento di comunicazione: in ogni istante manda messaggi, informazioni, sensazioni ai nostri interlocutori. Imparare a gestirlo consente di moltiplicare il nostro potenziale espressivo, sul palco come nelle relazioni umane. La maggioranza delle persone non sa che, durante un incontro, l'aspetto verbale ha un ruolo veramente poco importante nella comunicazione: chi veramente esprime ciò che si sta comunicando è il corpo, non sapere questo e soprattutto non tenerne conto può far cambiare la direzione della nostra comunicazione con gli altri.

Ho preferito lavorare con i pupazzetti perché mi sembrava più facile poter vedere in modo globale le dinamiche familiari di Anna Livia. Ecco le diverse personalità. La tigre rappresenta Anna Livia stessa. Il pupazzetto che ha scelto per il nonno materno Antonio rassomiglia a quello che ha scelto per se stessa. Questo nonno è la persona che lei amava di più ma che la frena nella sua autorealizzazione.

La figura che emerge di più nella rappresentazione con i pupazzetti è quella di Roberto, che rappresenta "l'urlo di Munch". Quest'opera è diventata il simbolo stesso delle ansie e delle inquietudini di un intero secolo. "Il grido" è un'immagine dell'angoscia. Questo personaggio suscita ad Anna Livia proprio questi sentimenti. Tutta la parte ombrosa di Anna Livia viene proiettata su Roberto.

Gli altri quattro uomini sembrano meno minacciosi. Il conte Vanni, nonostante fosse rappresentato da un pupazzo a forma di grosso un ratto bianco, che simboleggiava la purezza e simbolo del male e di sventura. Anna Livia si era fidata di Vanni e stava per avere due gemelli da lui, ma alla fine si è smascherato essere un traditore, infatti, la tradiva con diverse donne. Un'altra figura strana è la rana verde che rappresenta il suo attuale amico Marco. Ricorda la fiaba del principe azzurro che aiuta la protagonista e la salva da incantesimi maligni, streghe o matrigne cattive. Anche Anna Livia ha una matrigna che non tollera troppo.

E infine il padre Renzo è rappresentato da un pappagallo rosso. Esso simboleggia l'imitazione oppure coloro che parlano senza dire nulla. Le parole del padre non hanno alcun significato per Anna Livia. Lei ha sempre fatto quello che voleva senza ascoltare il parere del padre.

Abbiamo messo tutti i pupazzetti in mezzo e ho invitato Anna Livia a mescolarli in modo spontaneo e con gli occhi chiusi. Ho chiesto di scegliere un'altra figura che rappresentasse i due gemelli che ha perso e di metterli in scena.

Anna Livia ha scelto come archetipo del tradimento la figura dell'oca bianca. L'oca è simbolo di vigilanza, infatti, fa un'ottima guardia. Il più grande traditore Roberto nella rappresentazione sta con la testa in giù. Si nasconde e non vuole essere visto.

Anna Livia viene schiacciata dal suo grande amico Daniele che è stato impiccato. Il tradimento si trova accanto a Marco che come Roberto si nasconde. E' interessante osservare che il tradimento viene visto come una cosa pura (il colore bianco). L'innocenza e la purezza di Anna Livia sono state rubate attraverso il tradimento del padre (abuso sessuale). Il pappagallo che rappresenta il padre è di color rosso. Il colore rosso rappresenta il primo chakra che rimanda al nucleo familiare e le radici. Il color rosso ricorda il sangue, il male che le ha fatto il padre.

In centro stanno i gemelli che sono rappresentati da un angelo. Intorno a loro sono raggruppati tutti gli uomini importanti di Anna Livia.

Sembra che ci sia un avo che non trova pace perché è stato tradito e cerca la giustizia attraverso Anna Livia.

Vuole essere di nuovo riinserito nel clan familiare e pacificato.

6. La rivelazione del mito.

I miti sono rappresentati nella natura prima ancora di essere presenti nella psiche umana. "La divinità di natura che si celebra nel mito vuole essere riconosciuta e deve essere riconosciuta. Se questo processo di riconoscimento non avviene, se la forza che essa esprime ci fa rabbia o paura e per questa ragione noi la neghiamo, essa si tramuta in un pericoloso impulso ad agire il mito."..."La divinità non riconosciuta s'impossessa della mente degli umani, spingendoli a compiere azioni funeste dalle quali procede la loro rovina."[42] Se non riusciamo a riconoscere il mito con il quale si manifesta la forza primigenia che è dentro di noi spaventandoci, diventiamo "portatore affetto" dal mito. Questa forza scende sempre di più nel nostro inconscio e quindi rimarrà rimossa, prenderà una tale intensità che potranno esserci delle conseguenze di azioni tragiche. Per questo motivo è molto importante percepire la forza primigenia contenuta nel mito senza paura e rabbia per governare la forza del mito e danzare in armonia con la divinità di natura.

---

[42] Selene Calloni Williams, *Psicogenealogia e costellazioni familiari ad approccio immaginale, Editore spazio interiore, Roma, 2016 pag. 59/60.*

Va rilevato che non è tanto importante se gli eventi siano realmente o parzialmente accaduti, ma quanto l'energia e le dinamiche relazionali che tali eventi evocano, in questo caso si tratta dell'archetipo del tradimento. Il mito del tradimento viene rappresentato con il destino di Arianna, figlia di Minosse (antico sovrano e figlio di Zeus) che viene tradita da Teseo che le promette di sposarla se in cambio lei li dona un lungo filo per segnare la via per far uscire dal labirinto il Minotauro. Teseo non mantiene fede alla promessa e abbandona Arianna sull'isola di Nasso.

Fiducia e tradimento vanno assieme. Anna Livia si era fidata del padre ma è stata tradita. L'abuso all'infanzia è definito "il peggior tradimento". Se non mi posso fidare neanche del mio padre, di chi mi posso fidare? Il tradimento può essere percepito come una perdita di un rapporto basato sull'affetto e sulla fiducia. L'incertezza del tradimento può portare a non fidarsi più degli altri, soprattutto degli uomini, e fa sì che le vittime si chiudano in se stesse o si sentano in difficoltà a relazionarsi con gli altri, e sono più indifese nei confronti di successivi abusi, perché non sempre riescono a valutare quando una persona merita la loro fiducia sentendosi così obbligate a vivere relazioni disfunzionali.

7. Il rituale risolutivo.

Lascia scorrere davanti al tuo squadro interiore tutte le sensazioni, le immagini, i ricordi del tuo aver agito in seconda fila e semplicemente dì a queste immagini: vi benedico, vi ringrazio, vi perdono, vi amo, ho fede in voi (Il pentagono immaginale). Liberando le immagini dal giudizio e dalle categorie diagnostiche, si pacificherà e diventerà una forza amica, capace di aiutarti a realizzare tutti i tuoi obiettivi.

Ho chiesto ad Anna Livia di prendere tutti i pupazzetti in braccio e mandar loro tanto amore. Poi le ho fatto dire la seguente formula magica: vi benedico, vi ringrazio, vi amo, vi perdono, ho fede in voi. Poi si è inchinata dicendo che li lascia andare e che restituisce a loro il "tradimento". Liberatasi dal giudizio e dal senso di colpa, ha preso la figura che rappresenta se stessa e la portata al suo cuore dicendosi che ora si prenderà cura di se stessa e quello che non è stato fatto lo farà. Anna Livia si è pacificata con il mito del tradimento e questo è diventato una forza amica capace di aiutarla a realizzare tutti i suoi obiettivi.

Conclusione

Ciascuno di noi mette in scena un mito familiare, il racconto delle scelte, dei valori, delle condizioni e dei destini che hanno vissuto gli antenati. Il senso di appartenenza alla famiglia crea un legame invisibile di predestinazione connesso agli avi. Evocare le immagini degli antenati e dei sogni, saper dialogare con esse, è un mezzo potente di conoscere la favola segreta da qui dipende la nostra vita. Il nostro destino è scritto nelle ombre di chi ci ha preceduto. Potrai scoprire la Matrix inconscia ereditata dal clan familiare, "fare anima", liberandoti dell'auto-boicottaggio inconscio. Lavorare in modo immaginale non solo guarisce le ferite del passato, ma anche consente di avere un nuovo rapporto con la nostra stessa ombra che da un lato è ciò che è stato rimosso dall'io cosciente e dall'altro è ciò da cui l'io cosciente trae forza, energia e ispirazione. Potrai creare una relazione del tutto nuova e innovativa con l'invisibile.

L'immagine è messaggera di una domanda dell'anima e richiede da parte nostra una risposta e finché non l'ascoltiamo, continuerà ad abitare in noi e a bussare continuamente alla nostra porta. Dare peso all'immaginazione è la tentazione di vedere in ogni immagine un angelo che annuncia un avvento e che rimane in attesa di una risposta.

Le rappresentazioni familiari portano alla luce esclusioni o disordini, la soluzione è sempre la stessa, accogliere chi è stato escluso e dargli il giusto posto nell'anima della famiglia e solo così ci può essere una riconciliazione profonda e ognuno può essere libero di vivere il proprio destino.

Il costellatore immaginalista è un cantastorie che intuisce il mito che vive una famiglia e lo racconta con le proprie parole facendolo diventare più visibile attraverso la messa in scena e usando le metafore. Più il facilitatore è poetico con il suo linguaggio, più ha la possibilità di portare la mente di chi lo ascolta in un'altra dimensione. Le sue parole si esprimono come delle autentiche formule magiche che catturano l'immaginario di chi partecipa. In questo modo il costellatore immaginalista riesce a prendere contatto direttamente con l'energia dell'anima. "Le formule psichiche della creazione immaginale sono il linguaggio con il quale il costellatore immaginalista parla agli spiriti presenti nella costellazione."43

Il costellatore immaginalista ha un ruolo attivo, fa le domande ai rappresentanti su come si sentono, è attento al linguaggio verbale e non verbale, alle tensioni, alle intonazioni della voce, ai segni di sofferenza e a partire da questi dati emette le sue ipotesi. Già il modo in cui i rappresentanti sono stati messi nello spazio della costellazione mostra l'idea che la persona ha della famiglia.

Il costellatore immaginalista è uno sciamano, uno psicopompo, il traghettatore dal visibile all'invisibile. Lo sciamano ci insegna che tutto ciò che esiste è vivo ed ha uno spirito, e che siamo uniti alla terra e a tutte le forme di vita attraverso un legame spirituale. Gli spiriti antenati ci insegnano a riportare equilibrio e armonia nella nostra vita, suggerendo di riconnetterci con i cicli della natura e di vivere in armonia con il mondo naturale e spirituale e ritrovare l'equilibrio.

---

[43] *Selene Calloni Williams, Psicogenealogia e costellazioni familiari ad approccio immaginale, Editore spazio interiore, Roma, 2016 pag. 43.*

La nostra vera ed eterna natura precede sia lo stato di veglia, sia lo stato di sogno che lo stato di sonno senza sogni, essa precede la nascita stessa e seguirà la morte ma, proprio perché è eterna, è sempre presente. Impariamo, con la pratica della comprensione del sogno, a liberarci dalla schiavitù dei pensieri, a essere sempre più coscienti dello stato di sonno senza sogni e a fonderci sempre più nell'assoluto, in quello stato che è al di là del tempo e dello spazio e che è uno stato pura ed eterna consapevolezza.

La vita è una continua scoperta meravigliosa e piena di miracoli. Il passato non c'è più e non possiamo cambiarlo ma solo accettarlo così com'è e lasciarlo andare con amore e tutto ciò che è successo nel passato va bene così perché ha sempre un senso. Siamo il risultato delle nostre memorie delle quali facciamo tesoro perché ci hanno insegnato cosa è bene e cosa è male ma ora non ne abbiamo più bisogno perché abbiamo capito che tutto in questa realtà ha due opposti che fanno parte della stessa medaglia. Entriamo in questo meraviglioso sogno che è oltre il bene e il male, oltre la dualità, versa la propria missione.

"La missione dell'anima è il darsi, è l'amore, è la bellezza ed è il piacere della bellezza, che dell'amore sono espressione. E' per il suo fine che l'anima manifesta tutte le immagini, perciò le immagini amano svanire."[44]

---

[44] *Selene Calloni Williams Mantra Madre, Edizioni Mediterranee, Roma, 2015, pag. 74.*

Bibliografia

Alejandro Jodorowsky, Metagenealogia, Feltrinelli, Milano.

Alejandro Jodorowsky, Psicomagia, universale economica feltrinelli, Milano, 2013.

Anne Ancelin Schützenberger, Psicogenealogia, Di Renzo Editore, Roma 2007.

Anne Ancelin Schützenberger, La sindrome degli antenati, Di Renzo Editore, Roma, 2015.

Barbara Amadori, Medianità quantica, Anima Edizioni, Milano, 2008.

Bert Hellinger, L'amore dello spirito, tecniche nuove, Milano, 2010.

Bert Hellinger, Riconoscere ciò che è, Feltrinelli, Milano, 2017.

Bert Hellinger, Verso nuovi spazi, tecniche nuove, Milano 2013.

C.G. Jung, Simboli della trasformazione, Boringhieri, Torino, 1970.

Dion Fortune, Guarigione esoterica, Venexia, Roma, 2014.

Erving Goffman, La vita quotidiana come rappresentazione, il Mulino, Bologno 1969.

Harmano Ichu, Il tamburo di dio, kreative edizioni, Viareggio 2017.

James Hillmann, Il codice dell'Anima, Adelphi Edizione, Milano, 2009.

Lucia Pavesi, Rituali di magia bianca, De vecchi editore, Milano, 1997.

Luciano Silva, Costellazioni familiari sciamaniche, edizione crisalide, Spigno Saturnia 2017.

Marco Massignam, Costellazioni rituali, tecniche nuove, Milano 2014.

Selene Calloni Williams, Le Carte dei Nat e le Costellazioni familiari, edizione mediterranee, Roma, 2011.

Selene Calloni Williams, Mantra Madre, Edizioni Mediterranee, Roma, 2015.

Selene Calloni William, Psicogenealogia e Costellazioni familiari ad approccio immaginale, spazio interiore, Roma 2016.

Selene Calloni Williams e Silvia C. Turrin, Mindfullness Immaginale, Edizioni Mediterranee, Roma 2016.

Selene Calloni, Yoga sciamanico, iniziazione mediterranee, Roma, 2013.94,

Siti internet

http://www.biopensiero.com/2017/07/07/costellazioni-familiari/

https://it.wikibooks.org/wiki/Vocabolario_del_pensiero_greco_antico

Herstellung und Verlag: BoD – Books on Demand, Norderstedt

ISBN: 978-3-7528-3326-3